Kohlhammer

Die Autorin

Frau Dr. med. Heidemarie Haeske-Seeberg wurde 1957 geboren, ist seit 1987 nach einem Studium der Humanmedizin in Münster als Ärztin approbiert, hat 1987 in Münster promoviert, war von 1988–1996 bei der Ärztekammer Westfalen-Lippe als Abteilungsleiterin Qualitätssicherung tätig. Sie ist Gründungsmitglied und war langjährig Geschäftsführerin der Gesellschaft für Qualitätsmanagement in der Gesundheitsversorgung e. V. sowie Beirats- und Vorstandsmitglied des Aktionsbündnisses Patientensicherheit. Sie war von 1996–2000 wissenschaftliche Mitarbeiterin des Deutschen Krankenhausinstitutes, wo sie die Servicestelle Qualitätssicherung leitete. Anschließend war sie als leitende Auditorin bei Lloyds Register Quality Assurance, Köln/Hamburg, und Geschäftsführerin des Instituts für Ausbildung, Beratung und Unternehmensentwicklung in der Gesundheitsversorgung in Hamburg tätig. Seit 2001 ist sie Bereichsleiterin Qualitätsmanagement und klinisches Risikomanagement bei der Sana Kliniken AG in Ismaning bei München. Als Mitautorin des Qualitätsportals Qualitätskliniken.de und Mitglied des wissenschaftlichen Beirates und verschiedener Arbeitsgruppen der Initiative Qualitätsmedizin e. V. engagiert sie sich für die Weiterentwicklung von Qualitätsvergleichen und Peer Reviews. In mehreren Kommissionen und Arbeitsgruppen der Deutschen Krankenhausgesellschaft prägt sie die Positionen der Krankenhausträger in Sachen Qualitätsmanagement (QM) und Qualitätssicherung (QS) mit. Sie ist Dozentin an verschiedenen Universitäten und Autorin weiterer Bücher und zahlreicher Buchbeiträge. Seit 2021 ist sie Vorsitzende der Gesellschaft für Qualitätsmanagement in der Gesundheitsversorgung e. V. (GQMG).

Bereits von 20 Jahren erschien die erste Auflage ihres Standardwerkes »Handbuch Qualitätsmanagement im Krankenhaus – Strategien, Analysen, Konzepte«, dessen dritte und wesentlich erweiterte Auflage im Januar 2021 vorgelegt wurde.

Heidemarie Haeske-Seeberg

Leitfaden Qualitätsmanagement im Krankenhaus

Umsetzungshinweise entlang der
Qualitätsmanagement-Richtlinie des G-BA

Verlag W. Kohlhammer

Dieses Werk einschließlich aller seiner Teile ist urheberrechtlich geschützt. Jede Verwendung außerhalb der engen Grenzen des Urheberrechts ist ohne Zustimmung des Verlags unzulässig und strafbar. Das gilt insbesondere für Vervielfältigungen, Übersetzungen, Mikroverfilmungen und für die Einspeicherung und Verarbeitung in elektronischen Systemen.

Die Wiedergabe von Warenbezeichnungen, Handelsnamen und sonstigen Kennzeichen in diesem Buch berechtigt nicht zu der Annahme, dass diese von jedermann frei benutzt werden dürfen. Vielmehr kann es sich auch dann um eingetragene Warenzeichen oder sonstige geschützte Kennzeichen handeln, wenn sie nicht eigens als solche gekennzeichnet sind.

Es konnten nicht alle Rechtsinhaber von Abbildungen ermittelt werden. Sollte dem Verlag gegenüber der Nachweis der Rechtsinhaberschaft geführt werden, wird das branchenübliche Honorar nachträglich gezahlt.

Dieses Werk enthält Hinweise/Links zu externen Websites Dritter, auf deren Inhalt der Verlag keinen Einfluss hat und die der Haftung der jeweiligen Seitenanbieter oder -betreiber unterliegen. Zum Zeitpunkt der Verlinkung wurden die externen Websites auf mögliche Rechtsverstöße überprüft und dabei keine Rechtsverletzung festgestellt. Ohne konkrete Hinweise auf eine solche Rechtsverletzung ist eine permanente inhaltliche Kontrolle der verlinkten Seiten nicht zumutbar. Sollten jedoch Rechtsverletzungen bekannt werden, werden die betroffenen externen Links soweit möglich unverzüglich entfernt.

1. Auflage 2022

Alle Rechte vorbehalten
© W. Kohlhammer GmbH, Stuttgart
Gesamtherstellung: W. Kohlhammer GmbH, Stuttgart

Print:
ISBN 978-3-17-041576-8

E-Book-Formate:
pdf: ISBN 978-3-17-041577-5
epub: ISBN 978-3-17-041578-2

Inhalt

Vorwort 7

Teil A Sektorenübergreifende Rahmenbestimmungen für die grundsätzlichen Anforderungen an ein einrichtungsinternes Qualitätsmanagement

§ 1 Ziele des Qualitätsmanagements 15

§ 2 Grundlegende Methodik 20

§ 3 Grundelemente 23

§ 4 Methoden und Instrumente 25

Teil B Sektorspezifische Konkretisierungen der Rahmenbestimmungen des einrichtungsinternen Qualitätsmanagements I. Stationäre Versorgung

§ 2 Bestimmung zu einrichtungsübergreifenden Fehlermeldesystemen 67

§ 5 Dokumentation 70

§ 1 Qualitätsmanagement in der stationären Versorgung 73

§ 4 Methoden und Instrumente 80

Inhalt

Schlusswort 94

Literaturverzeichnis 95

Vorwort

Dieser kleine Leitfaden zitiert alle für Krankenhäuser relevante Bestandteile der Qualitätsmanagement-Richtlinie des Gemeinsamen Bundesausschusses vom 15. September 2015 sowie die seither erschienenen Ergänzungen. Er bietet für jede Anforderung der Richtlinie kurze Hinweise für die Umsetzung. Er hat den Anspruch, Denkanstöße für die Interpretation der Richtlinie zu geben. Dazu verweist er an verschiedenen Stellen auf Materialien, die helfen, einzelne Anforderungen und deren Konzeption und Umsetzung zu unterstützen. Er enthält jedoch auch, eingebettet in den Text bzw. angefügt in einem Anhang, eigene Beispiele für die praktische Umsetzung.

Der Leitfaden ersetzt jedoch kein umfassendes Lehrbuch zum Qualitätsmanagement, wie etwa das Handbuch Qualitätsmanagement im Krankenhaus[1]. Er hat nicht den Anspruch, alles Wissenswerte zu enthalten, dass für einen Qualitätsmanagementbeauftragten wichtig und notwendig ist. Das notwendige Rüstzeug für die Steuerung der Entwicklung und Umsetzung eines QM-Systems in einem Krankenhaus geht weit über das hier vermittelte Wissen hinaus. Er ist jedoch dafür gedacht, durch den Verweis auf eine Fülle weiterführender Literatur relevante Ansatzpunkte für die kompetente Vertiefung der Themenbereiche zu bieten. Damit vermittelt er für Qualitätsmanagementbeauftragte, die das von ihnen zu konzipierende Qualitätsmanagementsystem weiterentwickeln möchten, einen guten Zugang zu weiterführenden Anregungen.

Der Leitfaden ist gut geeignet, für Studenten verschiedener Studienfächer oder Ärzte im Rahmen ihrer Facharztausbildung weite Teile des

---

1 Haeske-Seeberg H.: Handbuch Qualitätsmanagement im Krankenhaus, 3. überarbeitete und erweiterte Auflage Kohlhammerverlag 2021.

dafür notwendigen Wissens zu vermitteln. Zudem kann er Führungskräften im Krankenhaus als Blaupause dienen, wenn sie sich vergewissern wollen, ob die Einrichtung, für die sie Verantwortung tragen, die Anforderungen des G-BA im Hinblick auf das QM erfüllt. Er bildet also für den Einsteiger in das Thema Qualitätsmanagement einen Denkanstoß mit praxisorientierten Akzenten. Die weiterführenden Informationen, auf die verwiesen wird, sind ganz überwiegend kostenlos und barrierefrei im Internet verfügbar.

Obwohl sich die Gliederung des Leitfadens an der QM-RL des G-BA orientiert ist er geeignet, auch für Angehöriges aus anderen deutschsprachigen Ländern einen guten Einstieg in das Thema Qualitätsmanagement im Krankenhaus zu bieten.

Die Qualitätsmanagement-Richtlinie des Gemeinsamen Bundesausschusses

Die Qualitätsmanagement-Richtlinie (QM-RL) des Gemeinsamen Bundesausschusses (G-BA) ist für Krankenhäuser eine verbindliche Grundlage für die Einrichtung eines Qualitätsmanagementsystems. Sie geht zurück auf den §135a Absatz 2 Nummer 2 des Fünften Buches Sozialgesetzbuches (SGB V).

Sie wurde im Dezember 2015 vom G-BA in einer Erstfassung verabschiedet und trat mit der Veröffentlichung im Bundesanzeiger (BAnz AT 15.11.2016 B2) am 16. November 2016 in Kraft[2]. Im Juli 2020 wurde die QM-RL um die Anforderung erweitert, Schutzkonzepte für Kinder und Jugendliche in medizinischen Einrichtungen zu implementieren[3]. Im September 2020 wurden die bereits in der Fassung von 2015 enthaltenen Regelungen zur postoperativen Schmerztherapie konkretisiert[4].

---

2 Gemeinsamer Bundesausschuss (o. D.): (https://www.g-ba.de/downloads/62-492-1296/QM-RL_2015-12-17_iK-2016-11-16.pdf, **Zugriff am 16.02.2019**).
3 Gemeinsamer Bundesausschuss (o. D.): (https://www.g-ba.de/downloads/39-261-4379/2020-07-16_QM-RL_Vorgaben-aktueller-Stand_BAnz.pdf, **Zugriff am 01.03.2021**).
4 Gemeinsamer Bundesausschuss (o. D.): (https://www.g-ba.de/downloads/39-261-4461/2020-09-17_QM-RL_Einfuehrung-Schmerzmanagment_BAnz.pdf, **Zugriff am 01.03.2021**).

Die QM-RL ist sektorübergreifend gestaltet. Sie besteht aus einem Teil A, der sektorenübergreifende Rahmenbestimmungen für die grundsätzlichen Anforderungen an ein einrichtungsinternes Qualitätsmanagement für VertragsärztInnen, VertragspsychotherapeutInnen, medizinische Versorgungszentren, VertragszahnärztInnen sowie im Krankenhausbedarfsplan zugelassene Krankenhäuser enthält. Ergänzt wird er durch einen Teil B, in dem sektorspezifische Konkretisierungen vorgenommen werden. Durch diese Aufteilung werden Themen z. B. im sektorspezifischen Teil weiter spezifiziert. Dadurch entsteht leider kein logischer Aufbau der Beschreibung der Elemente eines QM-Systems, was die Übersichtlichkeit nicht verbessert. Aus praktischen Erwägungen wurde die Reihenfolge der Anforderungen der Richtlinie deshalb an wenigen Stellen verändert, um sektorübergreifende und –spezifische Anforderungen gemeinsam behandeln zu können.

In § 2 werden Gedanken zur grundlegenden Methodik formuliert, § 3 zeigt Grundelemente des QM auf. Die Richtlinie beschreibt Rahmenbedingungen und Eckpunkte, lässt jedoch die konkrete Ausgestaltung eines QM-Systems und der einzelnen Instrumente weitgehend offen. In den folgenden Kapiteln sollen Beispiele für die Umsetzung der Anforderungen der QM-RL aufgezeigt werden. Wie in der Richtlinie beschrieben, ist dies nur eine Möglichkeit der Umsetzung. Zahlreiche andere Ausgestaltungen sind denkbar. Viele Paragrafen erlauben einen großen Interpretationsspielraum, der auch genutzt werden sollte.

Gerade einigen Abschnitten in den § 4 Methoden und Instrumente und § 5 Dokumentation können ganz unterschiedliche Instrumente zugeordnet werden, als sie in diesem Leitfaden vorgenommen wurden. In vielen Gesundheitseinrichtungen wurden, der Kultur und den Gegebenheiten der Einrichtungen entsprechend, andere Interpretationen der Richtlinie vorgenommen und entsprechende Lösungen erarbeitet und umgesetzt. Das hat selbstverständlich seine Berechtigung.

§ 6 der Richtlinie beschreibt in der Fassung vom Dezember 2015 und in der Aktualisierung vom Juli 2020 die weiteren Aufgaben des G-BA zur Beauftragung des IQTIG, um Konzepte für die Erhebung und Darlegung des Stands der Umsetzung und Weiterentwicklung von einrichtungsinternem Qualitätsmanagement zu erarbeiten und umzusetzen. Dieser Paragraf enthält keine Anforderungen an das QM-System ei-

Vorwort

Gemeinsamer
Bundesausschuss

Sana Klinikum Lichtenberg

A-12.2.3 Instrumente und Maßnahmen Risikomanagement

Nr.	Instrument bzw. Maßnahme	Zusatzangaben
RM01	Übergreifende Qualitäts- und/oder Risikomanagement-Dokumentation (QM/RM-Dokumentation) liegt vor	Verfahrensanweisung Organisation Jahresgespräche Qualitäts- und Risikomanagement vom 03.06.2019
RM02	Regelmäßige Fortbildungs- und Schulungsmaßnahmen	
RM04	Klinisches Notfallmanagement	Verfahrensanweisung Medizinisches Notfallmanagement vom 01.08.2019
RM05	Schmerzmanagement	Klinikindividuelle Schmerzkonzepte, Verfahrensanweisungen Medikamentöse, Nichtmed. Schmerztherapie und Spezielle Schmerztherapien vom 24.06.2016
RM06	Sturzprophylaxe	Arbeitsanweisung Sturzprophylaxe vom 21.11.2017
RM07	Nutzung eines standardisierten Konzepts zur Dekubitusprophylaxe (z.B. „Expertenstandard Dekubitusprophylaxe in der Pflege")	Verfahrensanweisung Dekubitusprophylaxe und -management vom 01.02.2019
RM08	Geregelter Umgang mit freiheitsentziehenden Maßnahmen	Verfahrensanweisung Freiheitsentziehende Maßnahmen vom 30.10.2018
RM09	Geregelter Umgang mit auftretenden Fehlfunktionen von Geräten	Verfahrensanweisung Betreiben von Medizinprodukten vom 27.03.2019
RM10	Strukturierte Durchführung von interdisziplinären Fallbesprechungen/-konferenzen	Qualitätszirkel Tumorkonferenzen Mortalitäts- und Morbiditätskonferenzen Pathologiebesprechungen Palliativbesprechungen Teamkonferenzen Geriatrie, Pflegevisiten Brustzentrum, Gyn. Krebszentrum und Viszeralonkologisches Zentrum
RM12	Verwendung standardisierter Aufklärungsbögen	
RM13	Anwendung von standardisierten OP-Checklisten	

Referenzbericht zum Qualitätsbericht 2019 gemäß § 136b Abs. 1 Satz 1 Nr. 3 SGB V   31

Abb. 1: Auszug aus dem Qualitätsbericht des Sana Klinikum Lichtenberg

nes Krankenhauses und wird deshalb in diesem Leitfaden nicht dargestellt.

Im § 7 Übergangsregelungen der Richtlinie wird gefordert, dass Krankenhäuser in ihren Qualitätsberichten nach § 136b Absatz 1 Nummer 3 SGB V über den jeweiligen Stand der Umsetzung und Weiterentwicklung des einrichtungsinternen Qualitätsmanagements zu berichten haben. Dies wird im Ergänzungsbeschluss vom Juli 2020 mit geringfügig veränderter Formulierung bestätigt. Damit gewinnt die Darstellung des QM-Systems im Qualitätsbericht an Bedeutung. Anhand eines Auszuges aus dem Qualitätsbericht des Sana Klinikum Lichtenberg[5] kann gezeigt werden, dass das Vorhandensein und die Umsetzung verschiedener Methoden und Instrumente und Anwendungsbereiche aus der QM-RL berichtet werden müssen (▶ Abb. 1).

Die zitierten Auszüge aus der Richtlinie sind im Text grau hinterlegt und kursiv gesetzt.

Heidemarie Haeske-Seeberg München, im August 2021

---

5 Sana Klinikum Berlin Brandenburg GmbH (o. D.): (https://www.sana.de/media/Kliniken/lichtenberg/1-medizin-pflege/worauf-wir-wert-legen/Qualitaetsbericht_2018_Sana_Klinikum_Lichtenberg.pdf, **Zugriff** am 14.03.2021).

Teil A Sektorenübergreifende Rahmenbestimmungen für die grundsätzlichen Anforderungen an ein einrichtungsinternes Qualitätsmanagement

§ 1 Ziele des Qualitätsmanagements

Unter Qualitätsmanagement ist die systematische und kontinuierliche Durchführung von Aktivitäten zu verstehen, mit denen eine anhaltende Qualitätsförderung im Rahmen der Patientenversorgung erreicht werden soll. Qualitätsmanagement bedeutet konkret, dass Organisation, Arbeits- und Behandlungsabläufe festgelegt und zusammen mit den Ergebnissen regelmäßig intern überprüft werden. Gegebenenfalls werden dann Strukturen und Prozesse angepasst und verbessert.

In der QM-RL werden verschiedene Ziele für das QM beschrieben:

- bewusste Patientenorientierung
- größtmögliche Patientensicherheit
- Organisationsentwicklung
- Berücksichtigung der Perspektive der an der Gesundheitsversorgung beteiligten Akteure

Im § 1 der Richtlinie wird eine Art Definition formuliert. Diese ähnelt durchaus Definitionen, die z. B. in der DIN EN ISO 9000[6] gefunden werden:

»Alle Tätigkeiten des Gesamtmanagements, die im Rahmen eines QM-Systems die Qualitätspolitik, die Ziele und Verantwortungen festlegen sowie diese durch Mittel wie Qualitätsplanung, Qualitätslenkung, Qualitätssicherung/QM-Darlegung und Qualitätsverbesserung verwirklichen.«

---

6 DIN EN ISO 9000:2015-11, Beuth Verlag GmbH Berlin.

Gleichzeitig soll die Ausrichtung der Abläufe an fachlichen Standards, gesetzlichen und vertraglichen Grundlagen in der jeweiligen Einrichtung unterstützt werden.

In dieser Passage des § 1 wird die Beziehung des QM zur evidenzbasierten Medizin und Pflege formuliert, die zweifellos besteht. Gerade medizinische Prozesse sollten sich an Leitlinien wissenschaftlicher Gesellschaften orientieren, wie sie im Leitlinienportal des AWMF[7] veröffentlicht werden. Pflegerische Prozesse sollten sich an wissenschaftlichen Pflegestandards orientieren, wie sie vom DNQP erarbeitet und veröffentlicht werden[8].

Und selbstverständlich sollten im Krankenhaus in jedem Prozess ggf. bestehende gesetzliche Vorgaben beachtet werden. Die Fülle ist allerdings so groß, dass dies eine echte Herausforderung darstellt. Allein für das QM existieren zahlreiche Vorgaben in verschiedenen Gesetzen. Die hier aufgezeigten stellen jedoch auch nur eine Auswahl dar:

- Heilberufsgesetze der Länder
- Vertragsarztrecht
- Medizinproduktegesetz
- Verordnung über den Schutz vor Schäden durch Röntgenstrahlen (Röntgenverordnung)
- Gesetz über die Spende, Entnahme und Übertragung von Organen (Transplantationsgesetz)
- Gesetz zur Regelung des Transfusionswesens (Transfusionsgesetz)
- Arzneimittelgesetz
- Berufsordnungen der Ärztekammern
- Weiterbildungsordnungen der Ärztekammern

---

7 Arbeitsgemeinschaft der Wissenschaftlichen Medizinischen Fachgesellschaften e. V. (o. D.): (https://www.awmf.org/leitlinien/aktuelle-leitlinien.html, Zugriff am 06.03.2021).
8 Deutsches Netzwerk für Qualitätsentwicklung in der Pflege (o. D.): (https://www.dnqp.de/fileadmin/HSOS/Homepages/DNQP/Dateien/Weitere/Uebersicht_Expertenstandards.pdf, Zugriff am 06.03.2021).

- Richtlinien der Bundesärztekammer und der Kassenärztlichen Bundesvereinigung
- Regelungen zum Arbeitsschutz
- Gesetz zur Qualitätssicherung und zur Stärkung des Verbraucherschutzes in der Pflege (Pflege-Qualitätssicherungsgesetz)
- Strahlenschutzgesetz
- Organspendegesetz
- Implantateregistergesetz

> *Die Vorteile von Qualitätsmanagement als wichtiger Ansatz zur Förderung der Patientensicherheit sollen allen Beteiligten bewusst gemacht werden. Eine patientenorientierte Prozessoptimierung sowie die Patientenzufriedenheit stehen im Mittelpunkt. Zusätzlich soll Qualitätsmanagement dazu beitragen, die Zufriedenheit aller am Prozess Beteiligten zu erhöhen.*

Um die Vorteile des QM bewusst zu machen, kann man selbstverständlich Schulungsveranstaltungen organisieren. Überzeugender ist jedoch die Auswahl von Projekten, die zu verbesserten, reibungsfreien Abläufen führen. Auch wenn im Rahmen der Prozessoptimierung Patientenzufriedenheit und Patientensicherheit im Mittelpunkt stehen sollten, gelingt es oft, auch eine nachhaltige Verbesserung für Mitarbeitende zu erreichen, sobald auch dies aktiv als Projektziel bestimmt wird. Im Rahmen einer Projektdefinition sollte also eine umfassende Steakholderanalyse immanenter Bestandteil sein. Danach können Projektziele definiert werden, die für alle Interessengruppen Gewinn-Gewinn-Situationen nach sich ziehen.

Qualitätsmanagement muss für die Einrichtung, ihre Leitung und alle Mitarbeiterinnen und Mitarbeiter sowie für die Patientinnen und Patienten effektiv und effizient sein und eine Sicherheitskultur befördern. Erkenntnisse aus und Ergebnisse von interner und externer Qualitätssicherung sind in das einrichtungsinterne Qualitätsmanagement einzubinden.

In jeder Organisation wird die Forderung erhoben, ein effektives und effizientes QM-System zu entwickeln und umzusetzen. Dies gelingt jedoch nicht immer. Die Erwartung, dass ein QM-System keinerlei Mehrarbeit nach sich zieht, ist nicht realistisch. Insbesondere in der Einführungsphase, in der noch zahlreiche Instrumente ausgewählt oder selbst konzipiert und dann in den Alltag verankert werden müssen, kommt es unweigerlich zu einem erhöhten Aufwand. Insbesondere wenn – wie gefordert und sinnvoll – viele Mitarbeitende in die Projektgruppen und Schulungen eingebunden werden. In späteren Phasen der Qualitätsentwicklung entstehen dann oft Bedürfnisse nach mehr miteinander vernetzten Instrumenten. Auch diese zieht Aufwand nach sich. Eine Daueraufgabe ist die Beschaffung all der Daten, die als sinnvoll und notwendig betrachtet werden oder die vom Gesetzgeber oder Zertifizierungssystemen gefordert werden. Vor dem Hintergrund der unzulänglichen Digitalisierung deutscher Krankenhäuser zieht auch das einen nicht zu unterschätzenden Aufwand nach sich.

Ein reif entwickeltes QM-System zieht jedoch auch Vorteile nach sich. Optimierte Prozesse gehen reibungsfreier von statten, wodurch Aufwand gespart wird. Absprachen z. B. über Verantwortlichkeiten insbesondere an Schnittstellen, die vorher in jedem Einzelfall notwendig waren, werden durch die Verankerung abgestimmter Abläufe überflüssig. Unnötige Prozessschritte können weggelassen werden. Vorlagen für Aufzeichnungen sind auf diese Prozesse abgestimmt und enthalten nur noch notwendige Angaben. Es ist geklärt, wer wem welche Informationen zukommen lässt. All das trägt zu mehr Zufriedenheit von PatientInnen und Mitarbeitenden bei.

Ziele und Umsetzung des einrichtungsinternen Qualitätsmanagements müssen jeweils auf die einrichtungsspezifischen und aktuellen Gegebenheiten bezogen sein. Sie sind an die Bedürfnisse der jeweiligen Patientinnen und Patienten, der Einrichtung und ihrer Mitarbeiterinnen und Mitarbeiter anzupassen. Dabei können die Einrichtungen bei der Einführung und Umsetzung ihres Qualitätsmanagement-Systems eine eigene Ausgestaltung vornehmen oder auf vorhandene Qualitätsmanagement-Verfahren bzw. -Modelle zurückgreifen.

Der G-BA lässt jeder Gesundheitseinrichtung die Möglichkeit der eigenen Ausgestaltung des QM-Systems und seiner Instrumente. Sinnvoller ist jedoch die Verwendung etablierter Methoden und Instrumente, die inzwischen zahlreich durch verschiedene Organisationen entwickelt wurden. Innerhalb dieses Leitfadens wird immer wieder auf solche fundierten und von Experten entwickelten Methoden und Instrumente verwiesen. Da jedoch für verschiedene Themen meist jeweils mehrere Instrumente in Frage kommen, bleibt auch bei der Verwendung von etablierten Expertenmethoden ausreichend individueller Spielraum.

§ 2 Grundlegende Methodik

Qualitätsmanagement ist eine Führungsaufgabe, die in der Verantwortung der Leitung liegt. Dabei erfordert Qualitätsmanagement die Einbindung aller an den Abläufen beteiligten Personen.

Der G-BA beschreibt QM als Führungsaufgabe. Wie jedes Teilsystem eines Managementsystems braucht es die aktive Beteiligung der Führungspersonen an der Ausgestaltung und Umsetzung. Eine bloße »Duldung« und Delegation reicht nicht aus, um ein erfolgreiches und vor Allem wirksames QM zu entwickeln und implementieren. Einige der genutzten Instrumente brauchen konkrete Aktivitäten der obersten Führung.

Daneben müssen alle an den »*Abläufen beteiligten Personen*« in das QM eingebunden sein. Das ist eine Selbstverständlichkeit, wenn es um die tägliche Umsetzung der an der Patientenorientierung und Patientensicherheit ausgerichteten Prozesse geht. In die Erarbeitung der entsprechenden Konzepte sind jedoch meist einige Vertreter der Prozessbeteiligten und -betroffenen aktiv involviert.

Qualitätsmanagement ist ein fortlaufender Prozess und von der Leitung an konkreten Qualitätszielen zur Struktur-, Prozess- und Ergebnisqualität auszurichten. Die Festlegung von Qualitätszielen für das einrichtungsinterne Qualitätsmanagement sollte sich an den in § 3 genannten Grundelementen orientieren. Für die Zielerreichung dienen die in § 4 aufgeführten Methoden und Instrumente. Diese einrichtungsinternen Ziele sollen durch ein schrittweises Vorgehen mit systematischer Planung, Umsetzung, Über-

prüfung und gegebenenfalls Verbesserung erreicht werden, was auf dem Prinzip des sogenannten PDCA-Zyklus beruht. Durch die Identifikation relevanter Abläufe, ihre sichere Gestaltung und ihre systematische Darlegung sollen Risiken erkannt und Probleme vermieden werden.

Die Konzeption und Umsetzung eines QM-Systems ist ein fortlaufender Prozess. Neue Gesetze und GB-A-Richtlinien oder auch eine veränderte Wettbewerbssituation sind externe Faktoren, die regelmäßig dahingehend bewertet werden sollten, ob eine Neuausrichtung des QM-Systems notwendig ist. Vor dem Hintergrund sich rasch ändernder Rahmenbedingungen im Gesundheitswesen besteht die Herausforderung darin, seine Ziele daran auszurichten und in der Folge die Strategien und Konzepte und letztlich die Vorgehensweisen und Strukturen danach anzupassen.

Aber auch innerhalb von Krankenhäusern gibt es immer wieder Veränderungen, die Auswirkungen auf das QM-System haben. Durch neue Fachabteilungen, neue Großgeräte, neue diagnostische oder therapeutische Vorgehensweisen, Führungskräftewechsel oder umfangreiche Neubauprojekte entsteht oft die Notwendigkeit, Produkte und Prozesse zu hinterfragen, neu zu gestalten und somit das QM-System neu auszurichten.

Um die eigene Zielerreichung im Rahmen des internen Qualitätsmanagements beurteilen zu können, sollten – wo möglich – Strukturen, Prozesse und Ergebnisse der Organisation und Versorgung gemessen und bewertet werden. Kennzahlen und valide Qualitätsindikatoren dienen dazu, die Zielerreichung intern zu überprüfen und somit die individuelle Umsetzung in den Einrichtungen zu fördern. Anonymisierte Vergleiche mit anderen Einrichtungen können dabei hilfreich sein. Die Teilnahme an Fortbildungskursen zum einrichtungsinternen Qualitätsmanagement wird empfohlen.

Kennzahlen sind in allen Bereichen und allen Ebenen der Organisation wichtig. Häufig unterschätzt sind die ohnehin in jedem Krankenhaus vorliegenden Ergebnisse aus den zahlreichen Modulen der gesetzlichen externen Qualitätssicherung[9]. Voraussetzung zur sinnvollen Verwendung dieser Qualitätsindikatoren ist eine gut organisierte und validierte Datenbeschaffung und -sammlung. Die Überwachung einer zeitnahen, vollständigen und plausiblen Datendokumentation ist vor dem Hintergrund der Bedeutung der gesetzlichen externen Qualitätssicherung heute unabdingbar. Zielwerte und Vergleiche mit anderen Einrichtungen sind hier systemimmanent angelegt.

Verfügt ein Krankenhaus über Zentrumszertifikate, entstehen oft auch aus deren Anforderungen heraus Kennzahlen. Die Mitgliedschaft in der Initiative Qualitätsmedizin[10] führt zu umfangreichen Kennzahlen mit Zielwerten. In den meisten Bundesländern ist eine Statistik mit hygienerelevanten Kennzahlen vorgeschrieben, die z. B. über eine Datenlieferung an das Nationale Referenzzentrum für Surveillance von nosokomialen Infektionen[11] umgesetzt werden kann.

Die vom G-BA in der QM-RL vorgegebenen Befragungen ergänzen das Kennzahlensystem eines Krankenhauses. Sie sollten auch danach ausgewählt werden, ob sie die empfohlenen Benchmarkmöglichkeiten bieten. Ein Sicherheitsindex, wie JAHN ihn anlässlich einer APS-Jahrestagung am Beispiel der Sana Kliniken AG vorgestellt hat[12], kann das Kennzahlenset sinnvoll ergänzen.

---

9 Institut für Qualitätssicherung und Transparenz im Gesundheitswesen (o. D.): (https://iqtig.org/qs-verfahren/, Zugriff am 02.03.2021.
10 Initiative Qualitätsmedizin e. V. (o. D.): (https://www.initiative-qualitaetsmedizin.de, Zugriff am 02.03.2021).
11 Institut für Hygiene und Umweltmedizin der Charité (o. D.: (https://www.nrz-hygiene.de/nrz/vorstellung/, Zugriff am 11.03.2021).
12 Aktionsbündnis Patientensicherheit e. V. (o. D.): (https://www.aps-ev.de/wp-content/uploads/2018/05/WS-08_JahnB.pdf, Zugriff am 01.03.2021).

§ 3 Grundelemente

Qualitätsmanagement umfasst insbesondere folgende grundlegenden Elemente:

- *Patientenorientierung einschließlich Patientensicherheit,*
- *Mitarbeiterorientierung einschließlich Mitarbeitersicherheit,*
- *Prozessorientierung,*
- *Kommunikation und Kooperation,*
- *Informationssicherheit und Datenschutz,*
- *Verantwortung und Führung.*

Die vom G-BA beschriebenen Grundelemente bilden in allen gängigen Systemen die Grundlage. Insbesondere die DIN EN ISO 9001 in der Fassung von 2015[13] gibt folgende Grundsätze als Rahmen für die einzelnen Anforderungen an:

- Kundenorientierung (→ vgl. Patientenorientierung einschließlich Patientensicherheit)
- Führung (→ vgl. Verantwortung der Führung)
- Einbeziehung von Personen (→ vgl. Mitarbeiterorientierung einschließlich Mitarbeitersicherheit)
- prozessorientierter Ansatz (→ vgl. Prozessorientierung)
- Verbesserung
- faktengestützte Entscheidungsfindung (→ vgl. Prozessorientierung)
- Beziehungsmanagement (→ vgl. Kooperation)

---

13 DIN EN ISO 9001:2015, Beuth Verlag GmbH Berlin.

Insbesondere das risikobasierte Denken (→ vgl. *Patientensicherheit* und *Mitarbeitersicherheit*) wird in der 2015er Fassung Norm explizit als Prinzip und Erfolgsfaktor für ein wirksames QM beschrieben.

Die Grundelemente dienen als flankierende Grundgedanken, die bei der Umsetzung der konkreten Instrumente und Vorgehensweisen beachtet werden sollen.

§ 4 Methoden und Instrumente

Der § 4 Methoden und Instrumente besteht aus 2 Abschnitten. In ersten Abschnitt werden Methoden und Instrumente definiert, die anzuwenden sind. Im Abschnitt 2 geht es um Anwendungsbereiche, die zu regeln sind. Die Anwendungsbereiche aus Abschnitt 2 werden in Abweichung von der Reihenfolge in der Richtlinie erst nach den Anforderungen aus dem sektorspezifischen Teil dargestellt. Dadurch können zunächst alle vom G-BA geforderten Instrumente und Methoden des QM besprochen werden. Die Anwendungsbereiche durchbrechen diese Systematik, da sie Themenbereiche betreffen, die mit den Methoden des QM erarbeitet und umgesetzt werden sollten. Das trifft jedoch auch noch auf viele andere Themenbereiche im Krankenhaus zu. Die vom G-BA als zu regelnd vorgegebenen Anwendungsgebiete erscheinen willkürlich gewählt.

Die nachfolgenden Methoden und Instrumente sind etablierte und praxisbezogene Bestandteile des Qualitätsmanagements, die verpflichtend anzuwenden sind. Auf die Anwendung einer aufgelisteten Methode und/oder eines aufgelisteten Instruments kann verzichtet werden, soweit die konkrete personelle und sächliche Ausstattung bzw. die örtlichen Gegebenheiten der jeweiligen Einrichtungen oder sonstige medizinisch-fachlich begründete Besonderheiten der Leistungserbringung dem Einsatz der Instrumente offensichtlich entgegenstehen.

Die Methoden und Instrumente aus Abschnitt 1 sind in allen Krankenhäusern umzusetzen. Einige »Anwendungsbereiche« aus Abschnitt 2 kommen in manchen Krankenhäusern nicht vor. So ist nicht jedes

Krankenhaus an der Notfallbehandlung beteiligt, bei anderen kommt aufgrund des Portfolios postoperativer Schmerz nicht vor. Für solche Anwendungsbereiche kann und muss die Gesundheitsorganisation dann natürlich keine Umsetzung definieren.

Die Liste erhebt keinen Anspruch auf Vollständigkeit und lässt den Einrichtungen die Freiheit, zusätzlich weitere Qualitätsmanagement-Methoden und -Instrumente einzusetzen. Die Möglichkeit des Verzichts nach Satz 2 gilt nicht für die Mindeststandards des Risikomanagements, des Fehlermanagements und der Fehlermeldesysteme, für das Beschwerdemanagement im Krankenhaus sowie für die Nutzung von Checklisten bei operativen Eingriffen, die unter Beteiligung von zwei oder mehr Ärzten bzw. Ärztinnen oder die unter Sedierung erfolgen.

Viele der Anforderungen, die der G-BA in seiner QM-RL definiert, gehen in der Tat auf Grundanforderungen an ein QM-System, wie sie z. B. in der DIN EN ISO 9001[14] beschrieben werden, zurück. Mit den Konkretisierungen im §4 stellt der G-BA noch einmal klar, dass es sich bei der Beschreibung der geforderten Instrumente um Mindestanforderungen an ein QM-System handelt, die durch die Gesundheitsorganisationen ggf. durch weitere Instrumente ergänzt werden können. Da jedoch nur in begründeten Fällen einzelne Instrumente weggelassen werden dürfen, sollten die Überlegung eher dahingehen, eine sinnvolle Umsetzung dieser mindestens geforderten Instrumente in der eigenen Organisation zu finden.

Messen und Bewerten von Qualitätszielen

Wesentliche Zielvorgaben zur Verbesserung der Patientenversorgung oder der Einrichtungsorganisation werden definiert, deren Erreichungsgrad erfasst, regelmäßig ausgewertet und gegebenenfalls Konsequenzen abgeleitet.

---

14 DIN EN ISO 9001:2015, Beuth Verlag GmbH Berlin

Übergeordnete Ziele sollten in jeder Gesundheitsorganisation für die wesentlichen Interessengruppen bereits im Leitbild formuliert werden. Dort haben Zielformulierungen ein hohes Aggregationsniveau, so dass es sinnvoll erscheint, sie im Rahmen der Umsetzung eines QM-Systems in anderen Instrumenten weiter herunterzubrechen. Aus einem Leitbild heraus können Konkretisierungen für einzelne Interessengruppen abgeleitet werden (▶ Abb. 2).

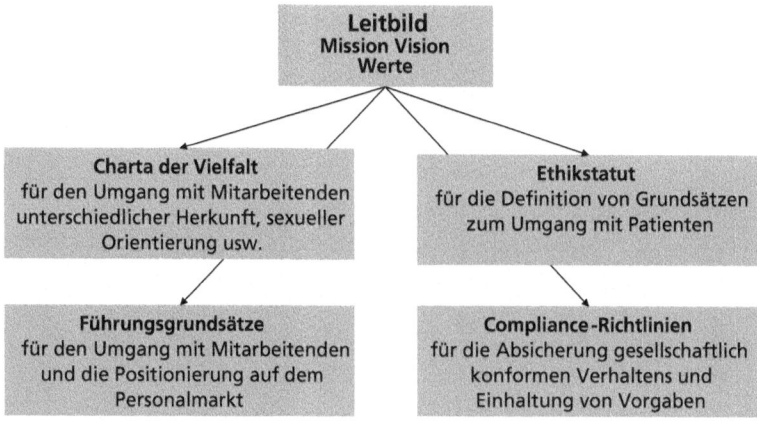

Abb. 2: Ableitung vertiefender Aussagen zu den Werten und Zielen einer Organisation in weiteren übergeordneten Dokumenten

Auf dieser Ebene kann die Umsetzung zwar gemessen und bewertet werden. Die dafür geeigneten Instrumente, wie Kulturbefragungen, werden jedoch meist nicht in der Aufbauphase eines QM-Systems genutzt. Ohnehin muss die Zielformulierung auf weitere Ebenen transportiert werden, um am Patienten und den anderen Interessengruppen wirksam zu werden. So sind zunächst Strategien und Konzepte zu erarbeiten, aus denen dann konkret Prozesse gestaltet und ggf. Strukturen angepasst werden (▶ Abb. 3).

Auf der Ebene von Prozessen kann dann eine Messung mit verbreiteten Instrumenten vorgenommen und für die verwendeten Indikatoren Ziele festgelegt werden.

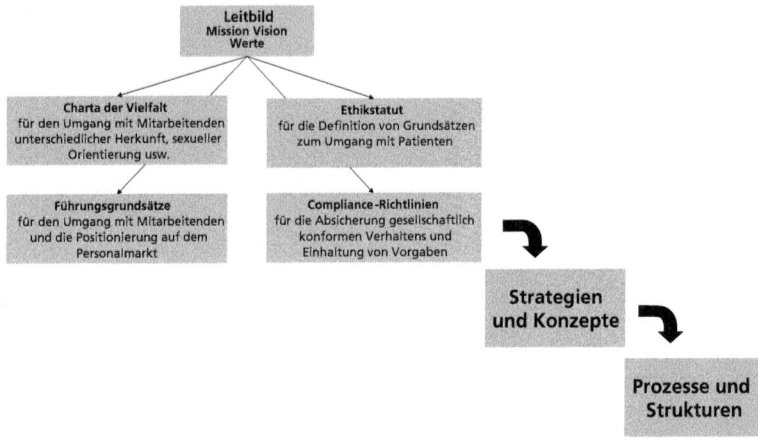

Abb. 3: Herunterbrechen von Werten und Zielen bis in die Ebene der Prozesse und Strukturen

Um die so definierten Ziele hinsichtlich deren Erreichung zu messen und zu bewerten, sollte es eine Vorgehensweise geben, bei der die Krankenhausleitung gemeinsam auf der Basis eines umfassenden Überblickes über den aktuellen Stand des QM bestehende Ziele überprüft und neue Ziele definiert. Eine mögliche Antwort auf diese Anforderung kann ein jährlich stattfindendes Qualitätsplanungsgespräch sein. Zur Vorbereitung müssen dafür die wesentlichen Kennzahlen und Qualitätsindikatoren aufbereitet und der Umsetzungsstand von Projekten zusammengetragen werden.

Ziele können qualitativ oder quantitativ definiert werden. Insbesondere während der Einführungsphase des QM werden oft qualitative Ziele gesetzt. Soll ein neues, weiteres Instrument entwickelt oder ausgewählt und implementiert werden, kann dies als Zielformulierung gelten. In diesem Fall sollte diese Zielformulierung durch eine Projektplanung untermauert werden. Mindestens sollten Verantwortliche für die Projektleitung und die Projektgruppe benannt sowie Meilensteine und Zeitziele formuliert werden. Eine Projektplanung sollte auch erfolgen, wenn ein größerer Schritt in der Weiterentwicklung eines Instrumentes erfolgen soll. Werden Projekte geplant, sollte stets eine Aus-

gangsmessung den Ist-Zustand festhalten. Dazu sind geeignete Kennzahlen zu definieren bzw. aus bereits bestehenden Messungen auszuwählen. Nicht immer wird es gelingen, geeignete Ergebnisindikatoren zu finden. Selbstverständlich können auch Prozessindikatoren sinnvoll den Projektfortschritt beschreiben. Nur so kann mit einer evaluierenden Projektabschließenden Messung der Projekterfolg sichtbar gemacht werden. Für diese Abschlussmessung sollte bereits zu Projektbeginn ein Zielwert festgelegt werden.
Quantitative Ziele sind im Krankenhaus umfangreich vorhanden. Sie müsse jedoch für das QM nutzbar gemacht werden.

- In nahezu jedem Krankenhaus existiert eine Fülle von Kennzahlen, die im Rahmen der gesetzlich vorgegebenen externen, vergleichenden Qualitätssicherung erhoben werden. Dafür sind bereits durch die Methodik Zielwerte definiert. Diese können übernommen werden. Sie können allerdings auch ambitionierter gesteckt werden. Auswertungen dieser Kennzahlen stehen durch die Auswertung der Landesgeschäftsstellen zur Verfügung.
- Ergänzend dazu verfügen viele Krankenhäuser über Zentrumszertifikate, in deren Rahmen Kennzahlen erhoben werden. Auch hier sind oft bereits Zielwerte vorgegeben.
- Eine Reihe deutscher Krankenhäuser erheben weitere Kennzahlen für die medizinische Qualität aus Daten des gesetzlich vorgegebenen Abrechnungsdatensatzes z. B. im Rahmen ihrer Zugehörigkeit zur Initiative Qualitätsmedizin e. V. (IQM).
- Vorgegeben durch den Gesetzgeber sollte es in allen Krankenhäusern auch Hygienekennzahlen geben, für die Ziele meist selbst vorgegeben werden müssen.
- Weitere Kennzahlen ergeben sich aus Befragungen von Patienten, Zuweisern, Mitarbeitenden und ggf. weiteren Interessengruppen. Hier existieren meist keine Zielwerte, so dass diese durch die Einrichtung selbst definiert werden müssen.
- Die meisten Krankenhäuser verfügen über ein Beschwerdemanagementsystem, aus dem sich ebenfalls Kennzahlen ergeben, für die Zielwerte festgelegt sein sollten.

- Auch für das klinische Risikomanagement können Kennzahlen erhoben werden. So können die Anzahl von CIRS-Meldungen, die Anzahl von Anspruchstellungen beim Haftpflichtversicherer, die in den einzelnen Fachabteilungen durchgeführten Simulationstrainingstage oder auch die Zahl auftretender, ausgewählter Events geeignet sein.

Um über die Fülle der vorhandenen Ergebnisse einen Überblick gewinnen zu können, ist es ratsam, diese in verschiedenen Dimensionen zu ordnen. Die in Abb. 4 dargestellten Qualitätsdimensionen ermöglichen eine sinnvolle Ordnung (▶ Abb. 4).

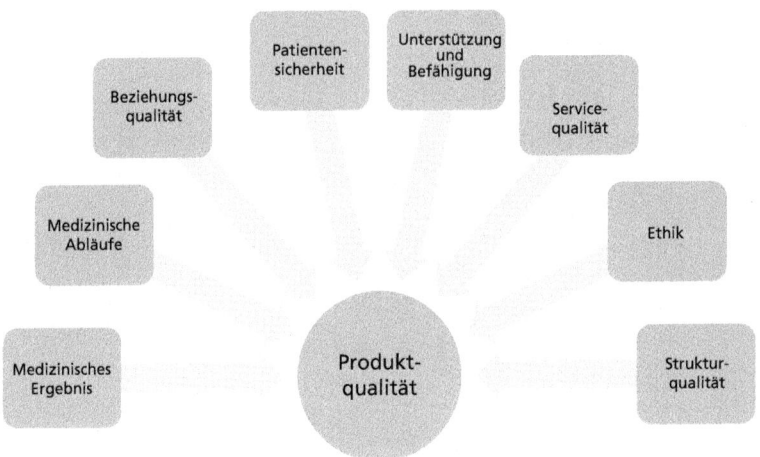

Abb. 4: Beispiel für die Aufteilung von Qualitätsergebnissen in 8 Dimensionen

Eine weitere Möglichkeit für die Krankenhausbetriebsleitung die Umsetzung von Zielvorgaben bewerten zu können, kann ein quartalsweise durchgeführtes Qualitätsgespräch sein. Entweder mit jeweils einer ChefärztIn führen die Mitglieder der Krankenhausbetriebsleitung ein Gespräch über einige besonders relevante Schlüssel-Kennzahlen, um daraus unterjährig bereits Verbesserungsmaßnahmen abzuleiten. Oder ein solches Gespräch wird gemeinsam mit allen ChefärztInnen und ggf. der Pflegedirektion geführt.

Ein solches Dashboard aus Schlüssel-Kennzahlen sollte neben ausgewählten medizinischen Ergebnisindikatoren auch die medizinische Qualität betreffende Kennzahlen aus dem Beschwerdemanagement und der Patientenbefragung umfassen. Sinnvoll sind auch Indikatoren einzubeziehen, die den kontinuierlichen Verbesserungsprozess beschreiben:

- Wieviel Fälle wurden in Morbiditäts- und Mortalitätskonferenzen analysiert?
- Welche Maßnahmen wurden definiert bzw. umgesetzt?
- Wieviele CIRS-Meldungen betreffen den verantworteten Bereich?
- Wieviele Fälle wurden in Tumorkonferenzen besprochen?

Da es für die medizinischen Indikatoren bereits »offizielle« Zielwerte gibt, bei deren Nicht-Erreichung in verschiedenen G-BA-Richtlinien Konsequenzen formuliert sind, wird durch deren quartalsweise Thematisierung Aufmerksamkeit auf eine kontinuierliche Qualitätsbeobachtung im Kernbereich des Krankenhauses gelenkt.

Erhebung des Ist-Zustandes und Selbstbewertung

Regelmäßige Erhebungen des Ist-Zustandes und Selbstbewertungen dienen der Festlegung und Überprüfung von konkreten Zielen und Inhalten des einrichtungsinternen Qualitätsmanagements.

Die Erhebung des Ist-Zustandes mit einer darauf basierenden Selbstbewertung kann mit verschiedenen Instrumenten umgesetzt werden. Die Vielzahl der im Krankenhaus erhobenen Daten, die im Kapitel Messen und Bewerten von Qualitätszielen beschrieben wurden, kann ergänzt werden durch Fakten. Diese ergeben sich aus Audits. Neben den »normalen« internen Audits, wie sie in der DIN EN ISO 9001 beschrieben werden, gibt es im Krankenhaus eine Reihe branchenspezifischer Auditformen.

Eine in vielen Krankenhäusern vorhandenen Auditform sind Morbiditäts- und Mortalitätskonferenzen. Diese können auf der Basis eines von der Bundesärztekammer verfassten Leitfadens[15] gestaltet werden. In Morbiditäts- und Mortalitätskonferenzen werden Behandlungsfälle analysiert, die einen unerwarteten Verlauf genommen haben. Dabei wird meist durch die Mitarbeitenden einer medizinischen Fachdisziplin nach Verbesserungspotenzialen gesucht.

Eine weitere Auditform für medizinische Prozesse sind Peer Reviews. Basierend auf einem Leitfaden der Bundesärztekammer[16] werden Peer Reviews durch verschiedene Krankenhausgruppen und -vereine wie IQM organisiert. Dabei werden zunächst Kennzahlen erhoben, meist sind es Mortalitätsraten. Die Behandlungsfälle, die bei diesen Kennzahlen zu auffälligen Ergebnissen geführt haben, sind die Basis der Suche nach Verbesserungspotenzial. Medizinischen Führungskräfte aus anderen Einrichtungen besuchen als Peers die KollegInnen der betroffenen Einrichtung, um vor Ort diese Fälle zu analysieren. Nach einem Aktenstudium von ca. 10 Behandlungsfällen werden Hypothesen generiert, was an Verbesserungspotenzial vorliegen könnte. Dies wird in einem Austausch zwischen den Peers und den medizinischen Führungskräften der besuchten Einrichtung und ggf. einem gezielten Audit verifiziert. Danach werden Verbesserungspotenziale abgestimmt und in einem Umsetzungsplan notwendige Aktivitäten vereinbart.

Auch zu den Audits können Fallanalysen gerechnet werden. Eine Handlungsempfehlung für die Durchführung von Fallanalysen hat das Aktionsbündnis Patientensicherheit e. V. (APS) veröffentlicht[17]. Eine Fallanalyse sollte durchgeführt werden, wenn es zu einem unerwünschten Ereignis mit oder ohne einen Patientenschaden gekommen ist. Auslöser können CIRS-Meldungen oder Anspruchstellungen beim Haftpflichtversicherer sein. Durch einen ausgebildeten Fallanalytiker werden die Prozessbeteiligten einzeln oder in Gruppen interviewt. Aus den gewonnenen Erkenntnissen wird eine Zeitreihenanalyse erstellt. In dieser

---

15 Bundesärztekammer (o. D.): (https://www.bundesaerztekammer.de/fileadmin/user_upload/downloads/pdf-Ordner/QS/M_Mk.pdf, Zugriff am 01.03.2021).
16 Bundesärztekammer (o. D.): (https://www.bundesaerztekammer.de/fileadmin/user_upload/downloads/Leitfaden_Aerztliches-Peer-Review_2014.pdf, Zugriff am 17.02.2019).
17 Patientensicherheit e. V. (o. D.): (https://www.aps-ev.de/wp-content/uploads/2020/04/HE-Fallanalyse_Langfassung_web.pdf, Zugriff am 01.03.2021).

Zeitreihe werden die Präventionsmaßnahmen dargestellt, die gut funktioniert haben, vor Allem jedoch diejenigen, die nicht wie vorgesehen durchgeführt wurden und die deshalb zu einem unerwünschten Event geführt haben. Bei CIRS-Meldungen haben Präventionsmaßnahmen versagt, das Eintreten des Events und damit der Patientenschaden konnte jedoch z. B. durch die Aufmerksamkeit eines Mitarbeitenden verhindert werden.

Weitere Audits können themenbezogen durchgeführt werden. So ist es sinnvoll, in regelmäßigen Abständen die Funktionstüchtigkeit klinischer Präventionsmaßnahmen zu auditieren. Ein wichtiger Teil der Risikomanagementaktivitäten bezieht sich auf eine vollständige und stimmige Patientendokumentation. Dokumentationschecks, die die Vollständigkeit stichprobenhaft kontrollieren, sind deshalb eine sinnvolle Ergänzung.

Ausgelöst durch Strukturvorgaben des G-BA können eine ggf. anstehende Prüfung durch den medizinischen Dienst vorbereitet werden durch interne Vollständigkeitsprüfungen hinsichtlich der beizubringenden Nachweise. Auch Hygienebegehungen und Begehungen durch das Gesundheitsamt können als Audits begriffen werden. Selbst ethische Fallbesprechungen bilden eine Auditform. In größeren Krankenhausunternehmen, in denen es eine interne Revision gibt, können auch deren Analysen zu den Audits gerechnet werden.

Für eine Bewertung der Auditergebnisse und die Ableitung von Maßnahmen und Zielen ist es sinnvoll, die in den verschiedenen Auditformen erhobenen Fakten z. B. für das im Kapitel Messen und Bewerten von Qualitätszielen beschriebene Qualitätsplanungsgespräche zusammen zu fassen, um Schwerpunkte und Trends zu erkennen. Dabei sollten vor Allem die in den Protokollen dokumentierten Abweichungen und Verbesserungspotenzial Berücksichtigung finden.

Regelung von Verantwortlichkeiten und Zuständigkeiten

Die Organisationsstruktur, Verantwortlichkeiten, Zuständigkeiten und Entscheidungskompetenzen werden schriftlich, beispielsweise durch eine Tabelle, Grafik oder ein Organigramm, festgelegt. Dabei werden wesentli-

> *che Verantwortlichkeiten besonders für alle sicherheitsrelevanten Prozesse berücksichtigt.*

Der Regelung von Zuständigkeiten und Verantwortlichkeiten kommt im Krankenhaus eine besondere Bedeutung zu. Deshalb sollten auch verschiedene Instrumente zur Anwendung kommen. Mindestens sollte es ein stets aktuelles Organigramm geben, das neben den Funktionsbezeichnungen auch die Namen der Führungskräfte und Stabsstellenleiter enthält. Ergänzend zum Organigramm ist es sinnvoll, für jede Führungskraft und jeden Stabsstellenleiter eine Verantwortungsbeschreibung anzufertigen. Prozesse, für die die jeweilige Person verantwortlich ist und für die es keine Arbeits- oder Verfahrensanweisung gibt, sollten hierin unbedingt erwähnt werden.

Zusätzlich gilt es, nicht nur für sicherheitsrelevante Prozesse und einzelne Arbeitsschritte Verantwortlichkeiten zu klären. Dies kann innerhalb der Arbeits- oder Verfahrensanweisung beschrieben werden. Aber auch für die Erstfassung und Aktualisierung von Arbeits- oder Verfahrensanweisung und deren Freigabe sollte jeweils ein Verantwortlicher benannt sein.

Daneben sollten für alle aus unterschiedlichen Gesetzen heraus zu benennenden Beauftragten Verantwortlichkeiten geregelt werden. In den verschiedenen Bundesländern gibt es geringfügige Unterschiede, welche Beauftragte zu benennen sind. Eine Sonderpublikation der Bayerischen Krankenhausgesellschaft wird in Abständen aktualisiert und gibt einen guten Überblick.[18] Um das Beauftragtenwesen im Krankenhaus gut zu organisieren, sollte es ein Formblatt für die Benennung geben, das in die Dokumentenlenkung einbezogen wird und für die Mitarbeitenden einzusehen ist. Zusätzlich sollte die Aufgabe, die Benennungen stets aktuell zu halten, in einer Arbeits- oder Verfahrensanweisung geregelt werden. Mindestens einmal pro Jahr sollten alle Bestellungen für Beauftragte überprüft werden. Durch die im Krankenhaus durchaus vorkommende Fluktuation und Umbesetzung sowie die

---

18 Bayerischen Krankenhausgesellschaft e. V (2019): Sonderpublikation Beauftragte im Krankenhaus, Version 4.2, 01/2019.

zahlreichen, sich ändernden gesetzlichen Vorgaben ist ein regelmäßiger Aktualisierungszyklus hilfreich.

Um neben der Linienorganisation auch die Matrixorganisation gut zu organisieren, empfiehlt es sich, für alle Gremien eine formale Bestellung vorzunehmen. Auch hier empfiehlt sich ein Formblatt, für das – wie beim Beauftragtenwesen – der Umgang in einer Verfahrensanweisung geregelt wird.

Prozess- bzw. Ablaufbeschreibungen

Die wesentlichen Prozesse der Patientenversorgung und der Einrichtungsorganisation werden einrichtungsspezifisch identifiziert, geregelt und beispielsweise in Form von Tabellen, Flussdiagrammen oder Verfahrensanweisungen dargestellt. Dabei werden die Verantwortlichkeiten, besonders für alle sicherheitsrelevanten Prozesse, in die Prozess-bzw. Ablaufbeschreibungen aufgenommen und fachliche Standards berücksichtigt.

In einem Krankenhaus existieren eine Vielzahl von Prozessen sowohl innerhalb von medizinischen Fachabteilungen als auch über Abteilungsgrenzen hinaus. Baut man ein QM-System auf, stellt sich nicht nur die Frage, welche dieser Prozesse schriftlich geregelt werden sollten. Es ist auch eine wichtige Entscheidung, in welchem Zuschnitt Prozesse und Arbeitsschritte geregelt werden sollten (▶ Abb. 5).

Dabei werden verschiedene »Zuschnitte« benötigt.

1. Es gibt Prozessbeschreibungen, die sich auf eine Fachabteilung beziehen (1). Beisielsweise ist dies eine Arbeitsanweisung für die Diagnostik in der Notaufnahme bei unklaren Unterbauchbeschwerden.
2. Andere Prozessbeschreibungen beziehen sich auf eine gesamte Behandlung einer Patientengruppe von der Aufnahme bis zur Entlassung (2), so dass interne Schnittstellen geregelt werden müssen. Als Beispiel kann hier eine Verfahrensanweisung dienen die die Behandlung von Patienten regelt, die zum Einbau einer Hüftgelenksendoprothese aufgenommen werden.

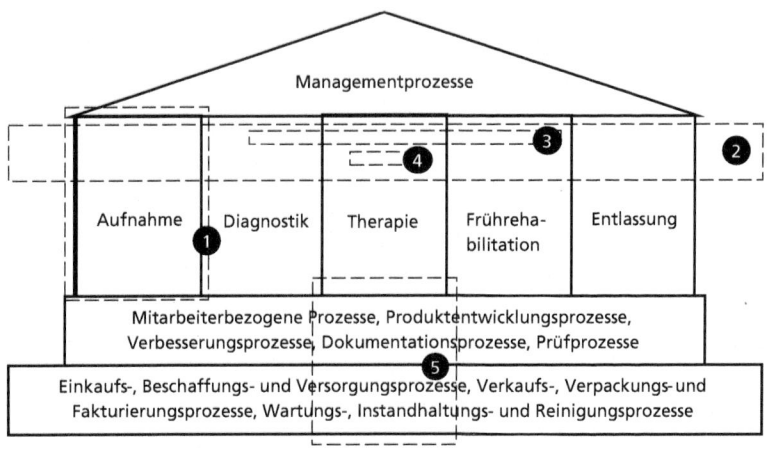

Abb. 5: Beispiel für die Aufteilung von Prozessen in sinnvolle Pakete für die Prozessmodulation und -beschreibung

3. Weiterhin gibt es Prozesse, die für mehrere Patientengruppen als immer wieder »verwendbarer« Bestandteil von Prozessbeschreibungen wie (2) dienen. Sie regeln jedoch nicht den gesamten Patientendurchlauf, sondern nur ausgewählte Prozessabschnitte (3). Hier kann eine Verfahrensanweisung als Beispiel angeführt werden, die im Rahmen der OP-Vor- und Nachbereitung die Anwendung einer OP-Sicherheitscheckliste beschreibt.
4. Auch immer wiederkehrende einzelne Arbeitsschritte können geregelt werden (4). Hier kann als Beispiel eine Arbeitsanweisung dienen, die die Schmerzmessung beschreibt.
5. Nicht zuletzt gibt es Prozesse, die nicht nur den medizinischen Bereich betreffen, sondern auch die angrenzenden Stütz- und Halteprozesse berühren (5). Beispiel wäre hier eine Verfahrensanweisung, die die Dokumentation in der Patientenakte, die Codierung im Rahmen des DRG-Systems und die abgestimmte Erhebung der Qualitätssicherungsdaten betrifft.

Für all diese Prozesse benötigt man in einem QM-System lediglich den Dokumententyp der Verfahrensanweisung und als verkürzte Form – in der nicht alle Gliederungspunkte enthalten sind – die Arbeitsanweisung, sofern eine entsprechende Gliederungsstruktur gewählt wurde.

Es wird immer bedeutsamer, dass Mitarbeitende im Krankenhaus oder Honorarkräfte in mehreren Fachabteilungen eingesetzt werden können und sie rasch die dort geltenden Festlegungen kennen lernen können. Deshalb ist es eine weitere Entscheidung, die zu einem frühen Zeitpunkt des Aufbaus eines QM-Systems gefällt werden sollte, welche Dokumententypen für die Prozessbeschreibungen genutzt werden sollen. Gerade im ärztlichen Bereich finden verschiedene Dokumententypen Anwendung. Nicht selten kreiert jeder Chefarzt eine eigene Gliederungsstruktur oder grafische Form der Aufbereitung und Verschriftlichung von Prozessen für seinen Zuständigkeitsbereich. Auch die Bezeichnungen sind mit Medical Standards, Standard Operating Procedures (SOP), Clinical Standards usw. oft unterschiedlich und vielfältig.

Aber auch im pflegerischen Bereich gibt es oft Dokumententypen, wie Pflegestandards. Es gibt keinen sachlichen Grund dafür, medizinische Prozesse in den verschiedenen Aufbereitungsformen abzubilden. Für flexibel eingesetzte Mitarbeitende z. B. aus einem Springerpool oder auf interdisziplinär belegten Stationen ist es eine unnötige Herausforderung, sich bei jeder Prozessbeschreibung in einem individuellen Dokumententyp mit einer variierenden Gliederungsstruktur zurecht finden zu müssen.

All diese Überlegungen sagen noch nichts darüber, welche Prozesse schriftlich geregelt werden sollten. Hierfür gibt es mehrere Fragen, die man sich dazu stellen könnte:

- Werden die Prozesse selten durchgeführt und die Kenntnis darüber ist nicht selbstverständlich vorhanden? Es ist aber wichtig, dass auch am Wochenende oder in der Nacht das notwendige Wissen darüber bei Bedarf nachgelesen werden kann?
- Überschreiten die Prozesse Berufs- oder Abteilungsgrenzen und es ist wichtig, die Verantwortlichkeiten an den Schnittstellen eindeutig zu klären?
- Sind für einzelne Prozessschritte die Qualifikation des Durchführenden von Bedeutung und soll eindeutig definiert werden?

- Sollen grundlegende Prozesse im Rahmen der Einarbeitung neuer Mitarbeitender von diesen zu Schulungszwecken zur Verfügung stehen?
- Funktionieren Prozesse nicht gut? Kommt es immer wieder zu Unstimmigkeiten, wer welche Aufgabe wahrnehmen muss und worauf sich die Mitarbeitenden verlassen können, die in der Prozesskette eine Patientenbehandlung oder Abschnitte von KollegInnen anderer Abteilungen übernehmen sollen?
- Durch die Veröffentlichung durch Führungskräfte freigegebener Prozessbeschreibungen wollen diese sich rechtlich absichern?

All das können Gründe sein, sich für die Verschriftlichung von Prozessen zu entscheiden. Wichtig jedoch: nicht jeder Prozess muss verschriftlicht werden!

Entscheidet man sich dazu, einen medizinischen Prozess zu beschreiben, kann dies zum Anlass genommen werden, ihn inhaltlich zu hinterfragen. Um abzugleichen, ob das gegenwärtige Vorgehen dem aktuellen medizinischen Wissen entspricht, sollte nach wissenschaftlichen Leitlinien gesucht werden. Die jeweils aktuellen Leitlinien der Mitgliedsgesellschaften der AWMF werden in einem gemeinsamen Leitlinienportal[19] abgebildet. Um die Verbindlichkeit und Relevanz der jeweiligen Leitlinie und der darin beschriebenen Prozessschritte für die Umsetzung beurteilen zu können, sollte man die Empfehlungsstärke berücksichtigen. Die Leitlinien als Ganzes werden nach einem System eingestuft, das die Qualität des Entwicklungsprozesses in den Klassen S1 bis S3 widerspiegelt.[20] Mit Hilfe der GRADE-Methodik[21] (Grading of Recommendations, Assessment, Development and Evaluation), einer Methodik, mit deren Hilfe die Qualität von Evidenz und Stärke von Emp-

---

19 Arbeitsgemeinschaft der Wissenschaftlichen Medizinischen Fachgesellschaften e. V. (o. D.): (https://www.awmf.org/leitlinien/aktuelle-leitlinien.html, Zugriff am 06.03.2021).
20 Arbeitsgemeinschaft der Wissenschaftlichen Medizinischen Fachgesellschaften e. V. (o. D.): (https://www.awmf.org/leitlinien/awmf-regelwerk/ll-register.html, Zugriff am 06.03.2021).
21 Cochrane Deutschland Stiftung (o. D.): (https://www.cochrane.de/de/ressourcen/grade, Zugriff am 06.03.2021).

fehlungen in Leitlinien eingestuft werden, ist in guten Leitlinien der Klasse S1 jede einzelne Empfehlung in Abhängigkeit von der zugrunde liegenden Evidenz bewertet.

Im pflegerischen Bereich gibt es verschiedene Expertenstandards des DNQP[22]. Alle diese Standards werden erarbeitet mit anspruchsvoller wissenschaftlicher Methodik und sollten deshalb bei der Erarbeitung von Prozessbeschreibungen im pflegerischen Bereich Berücksichtigung finden.

> *Die Prozess- bzw. Ablaufbeschreibungen stehen den Mitarbeiterinnen und Mitarbeitern zur Verfügung und werden in festzulegenden Abständen überprüft und bei Bedarf angepasst. Alle beteiligten Mitarbeiterinnen und Mitarbeiter sollen diese nachvollziehen und ihre jeweilige Aufgabe ableiten können.*

Die vom GBA geforderte Verfügbarkeit und Aktualisierung von Dokumenten ist sinnvoll in einem Krankenhaus nur durch die elektronische Lenkung von Dokumenten sicherzustellen. Dazu müssen verschiedene, komplexe Workflows Berücksichtigung finden. Auf dem Markt finden sich verschiedene Softwareprodukte, die diese Anforderungen bereits umgesetzt haben. Die Anfertigung einer Anforderungsdefinition für eine Eigenprogrammierung gelingt selten vollständig. Ein solches Programm sollte mindestens Folgendes gewährleisten:

- aktuelle Dokumente sind für jeden Mitarbeiter zugänglich und können nur von Befugten verändert werden
- aktuelle Dokumente und veraltete Versionen werden sicher und nachvollziehbar archiviert
- Verantwortlichkeiten für die Aktualisierung, Vorfreigabe und Freigabe können hinterlegt werden
- Aktualisierungszyklen können festgelegt werden

---

22 Deutsches Netzwerk für Qualitätsentwicklung in der Pflege (o. D.): (https://www.dnqp.de/fileadmin/HSOS/Homepages/DNQP/Dateien/Weitere/Uebersicht_Expertenstandards.pdf, **Zugriff am 06.03.2021**).

- Eskalationsfristen können definiert werden
- Geltungsbereiche können festgelegt werden
- eine Versionskontrolle ist gewährleistet
- die Freigabe wird elektronisch protokolliert
- aktuelle Dokumente können leicht aufgefunden werden

Auch wenn der G-BA nur die Lenkung von Prozess- bzw. Ablaufbeschreibungen fordert, ist es sinnvoll, auch andere Dokumente zu lenken. In einem elektronischen Handbuch mit den beschriebenen Funktionalitäten sollten – neben den Verfahrens- und Arbeitsanweisungen – folgende weitere Dokumente enthalten sein:

- Leitbild und ggf. daraus abgeleitete Dokumente (z. B. Ethik-Statut, Führungsgrundsätze, Leitbilder für einzelne Berufsgruppen)
- Beschreibung der Organisation
- Beschreibung des QM-Systems
- Organigramm
- »Prozesslandkarte« mit den Wechselwirkungen der Prozesse
- Verantwortungsbeschreibungen für Linienfunktionen
- Verantwortungsbeschreibungen für Beauftragte
- Geschäftsordnungen für Gremien
- Besprechungsmatrix
- Aufzeichnungsvorlagen (Formblätter für die patientenbezogene Falldokumentation, Formblätter, Checklisten, Protokollvorlagen, ...)
- externe Dokumente, die als »Mitgeltende Dokumente« benannt wurden
- Schnittstellenbeschreibung zu Lieferanten
- Dienstanweisungen

Auf diese Weise ist eine umfassende Information für alle Mitarbeitenden möglich. Voraussetzung ist, dass der technische Zugang für alle Mitarbeitenden geregelt ist. Ausgewählte Berufsgruppen, wie z. B. das Reinigungspersonal, haben oft keinen kontinuierlichen Zugang zu einem Computer. Diese sind zu identifizieren und für sie ist ggf. ein papiergestützter Zugang zu den aktuellen Dokumenten zu gewährleisten.

Schnittstellenmanagement

Ein systematisches Management an den Schnittstellen der Versorgung umfasst gezielte Kommunikation und abgestimmte Zusammenarbeit aller Beteiligten. Für eine sichere und patientenorientierte Versorgung sollen besonders die Übergänge entlang der gesamten Versorgungskette so gestaltet werden, dass alle erforderlichen Informationen zeitnah zur Verfügung stehen und eine koordinierte Versorgung gewährleistet ist.

Schnittstellen tauchen an verschiedenen Punkten von Prozessen auf. Es gibt sie sowohl innerhalb der Organisation als auch – bedingt durch Outsourcing – nach außerhalb der Organisation in eigene Tochtergesellschaften des Krankenhauses oder zu externen Leistungsanbietern.

Sind die Schnittstellen innerhalb der Organisation, sind die Prozesse einschließlich der einzelnen Prozessschritte und der im Rahmen der Prozesse notwendigen Information und Kommunikation im Rahmen von Prozessbeschreibungen wie Verfahrensanweisungen zu regeln. Entsprechende Gliederungspunkte in einer Verfahrensanweisung helfen dabei, diese Punkte zu berücksichtigen.

Eine abgestimmte Zusammenarbeit ist dadurch zu erreichen, indem Prozessbeschreibungen mit allen am Prozess Beteiligten bzw. Vertretern dieser Mitarbeitergruppen gemeinsam erarbeitet wird.

Die »gesamte Versorgungskette« ist unterschiedlich interpretierbar. Ist es die gesamte Prozesskette vom Erstkontakt eines Patienten mit dem Krankenhaus bis zu seiner Entlassung oder ist es gar die gesamte Versorgung aus der Sicht des Patienten von seiner Behandlung durch einen Vertragsarzt bis hin zur rehabilitativen Behandlung?

Die Schnittstellen zu den vor- und nachbehandelnden Leistungsanbietern können nur in Ausnahmefällen individuell abgestimmt werden. Jedoch sollten die Übernahme- bzw. Übergabepunkte des Patienten durch eine andere Einrichtung aus der Sicht des Krankenhauses definiert werden.

Die Prozesskette, die vom Krankenhaus beeinflusst und gesteuert werden kann, sollte jedoch geregelt sein. Sie beginnt in der Ambulanz des Krankenhauses bei der Vorstellung eines Patienten mit einer elektiv zu behandelnden Erkrankung bzw. mit der elektiven Aufnahme des Patienten. Sie kann jedoch auch beginnen mit einer Notaufnahme. Für die auf der Basis der vom G-BA in einem Beschluss festgelegten Notfallstufen[23] sind verschiedene qualitätssichernde Maßnahmen festgelegt. Dazu gehören auch einzelne Prozessbestandteile:

> *§ 12 Strukturen und Prozesse der Notfallaufnahme in der Basisnotfallversorgung*
>
> *Krankenhäuser der Basisnotfallversorgung erfüllen alle der folgenden strukturellen und prozeduralen Voraussetzungen zur Aufnahme von stationären Notfällen:*
> *(…)*
> *2. Es kommt ein strukturiertes und validiertes System zur Behandlungspriorisierung bei der Erstaufnahme von Notfallpatienten zur Anwendung. Alle Notfallpatienten des Krankenhauses erhalten spätestens zehn Minuten nach Eintreffen in der Notaufnahme eine Einschätzung der Behandlungspriorität.*

Mit Punkt 2 des §12 ist ein Priorisierungssystem wie z. B. eine Manchester-Triage adressiert, dass nicht nur zu einer Dringlichkeitseinstufung innerhalb der Behandlung im Krankenhaus sondern auch zu einer Zuweisung zum Notfalldienst im vertragsärztlichen Sektor führen kann.

> *3. Die Patientenversorgung wird aussagekräftig dokumentiert und orientiert sich an Minimalstandards. Diese Dokumentation liegt spätestens bei der Entlassung oder Verlegung des Patienten vor.*

Im Punkt 3 wird deutlich, dass eine Schnittstellenüberschreitende Patientendokumentation innerhalb des Krankenhauses zu organisieren ist.

---

23 Gemeinsamer Bundesausschuss (o. D.): (https://www.g-ba.de/downloads/39-261-33 01/2018-04-19_Not-Kra-R_Erstfassung.pdf, **Zugriff am 01.03.2021**).

Zu beachten sind dabei die Regelungen aus dem gesamten Komplex des Entlassmanagements. für den durch einen Rahmenvertrag zwischen dem GKV-Spitzenverband[24] und der DKG sowie durch zahlreiche G-BA-Beschlüsse[25],[26],[27],[28],[29],[30] umfangreiche Regelungen bestehen. Diese haben auf die Gestaltung sowohl der internen als auch der externen Schnittstellen Einfluss. Die in diesen Richtlinien enthaltenen Regelungen für die vorgesehenen Unterstützungsleistungen sind umfangreich und komplex. Sie sollten für die Mitarbeitenden in entsprechenden Verfahrensanweisungen »übersetzt« werden.

Für die pflegerischen Aktivitäten im Rahmen des Entlassmanagement existiert bereits seit 2004 ein 2009 und erneut 2019 aktualisierter Expertenstandard.[31] Dieser gibt evidenzbasierte Hinweise für die Struktur-, Prozess- und Ergebniskriterien und entsprechenden Qualitätsindikatoren. Der Expertenstandard ist geeignet die Prozess- und Schnittstellengestaltung zu unterstützen.

Eine Beschreibung für eine Schnittstelle nach außerhalb der Organisation sollte verschiedene Fragen beantworten (▶ Tab. 1).

---

24 GKV-Spitzenverband (o. D.): (https://www.gkv-spitzenverband.de/media/dokumente/krankenversicherung_1/amb_stat_vers/entlassmanagement/KH_Rahmenvertrag_Entlassmanagement_2016.pdf, Zugriff am 01.03.2021).
25 Gemeinsamer Bundesausschuss (o. D.): (https://www.g-ba.de/beschluesse/2415/, Zugriff am 01.03.2021).
26 Gemeinsamer Bundesausschuss (o. D.): (https://www.g-ba.de/beschluesse/2590/, Zugriff am 01.03.2021).
27 Gemeinsamer Bundesausschuss (o. D.): (https://www.g-ba.de/informationen/beschluesse/2441/, Zugriff am 01.03.2021).
28 Gemeinsamer Bundesausschuss (o. D.): (https://www.g-ba.de/informationen/beschluesse/2442/, Zugriff am 01.03.2021).
29 Gemeinsamer Bundesausschuss (o. D.): (https://www.g-ba.de/informationen/beschluesse/2449/, Zugriff am 01.03.2021).
30 Gemeinsamer Bundesausschuss (o. D.): (https://www.g-ba.de/informationen/beschluesse/2450/, Zugriff am 01.03.2021).
31 Deutsches Netzwerk für Qualitätsentwicklung in der Pflege (Hrsg.): Expertenstandard »Entlassungsmanagement in der Pflege – 2. Aktualisierung 2019«, Schriftenreihe des Deutschen Netzwerks für Qualitätsentwicklung in der Pflege, Osnabrück.

Teil A Sektorenübergreifende Rahmenbestimmungen

Tab. 1: Bestandteile einer Schnittstellenbeschreibung und Beispiele für den Inhalt

Bestandteile einer Schnittstellenbeschreibung	Beispiele für den Inhalt
Was kennzeichnet die gelieferte Leistung?	In welchen Dokumenten finden sich • die vereinbarten Produktspezifikationen / Anforderungen an den Lieferanten • die Anforderungen an die Qualifikation des Lieferanten • die Anforderungen an das Qualitätsmanagementsystem des Lieferanten
	Wann, durch wen und wie wird durch das Krankenhaus festgestellt oder an das Krankenhaus kommuniziert, das bzw. wie oft die Spezifikationen eingehalten wurden?
Welche Nachweise existieren für die Qualität der externen Leistung?	In welchen Dokumenten finden sich die Nachweise, • dass die Produktspezifikationen und anderen Beschaffungsanforderungen erfüllt wurden? • was das KH beschlossen hat, falls die Produktspezifikationen und anderen Beschaffungsanforderungen nicht ausreichend erfüllt wurden?
Gibt es Verifizierungstätigkeiten beim Lieferanten?	Mit welchen Maßnahmen wird beim Lieferanten vor Ort geprüft, ob die Dienstleistungen und Produkte die Anforderungen erfüllen? Mit welchen Methoden wird die Freigabe des Produkts bzw. der Dienstleitung herbeigeführt?

Wichtige Lieferanten für ein Krankenhaus sind u. a.:

- Medizinproduktehersteller
- Apotheke bzw. Arzneimittelhersteller
- Konsiliarärzte aus dem vertragsärztlichen Bereich
- ausgegliederte Therapeuten
- ausgegliederte Küche, Reinigungsdienstleister u. ä.

und damit vor Allem an der medizinischen Leistungserbringung beteiligte externe Unternehmen. Dazu gehören auch alle eigenen Tochtergesellschaften des Krankenhauses.

Checklisten

In Checklisten werden Einzelaspekte eines Prozesses systematisiert, um deren verlässliche Umsetzung zu gewährleisten. Dies ist bei sicherheitsrelevanten Prozessen von besonderer Bedeutung. Das konsequente Anwenden von Checklisten, z. B. zur Vermeidung von Verwechslungen, unterstützt somit reibungslose Abläufe und ist ein bedeutsames Element einer Sicherheitskultur.

Bei operativen Eingriffen, die unter Beteiligung von zwei oder mehr Ärztinnen bzw. Ärzten oder die unter Sedierung erfolgen, werden OP-Checklisten eingesetzt. Diese OP-Checklisten sollen einrichtungsspezifisch entwickelt und genutzt werden sowie alle am Eingriff Beteiligten einbeziehen. Insbesondere sind sie auf die Erkennung und Vermeidung unerwünschter Ereignisse und Risiken auszurichten, wie z. B. Patienten-, Eingriffs- und Seitenverwechslungen und schwerwiegende Komplikationen. Gleichzeitig beinhalten sie Fragen zum Vorhandensein und zur Funktion des erforderlichen Equipments.

Checklisten sind ein sinnvolles Instrument im Rahmen der Umsetzung medizinischer Prozesse. Dabei ist zu unterscheiden, ob bei jedem Patienten die Checkliste ausgefüllt und die ausgefüllte Checkliste der Patientendokumentation beigefügt wird oder ob die Checkliste lediglich der Prozessunterstützung dient, indem sie z. B. für die Kitteltasche oder als Aushang aufbereitet wird.

Sie gewinnen an Bedeutung, wenn einzelne Prozessschritte an Berufsgruppen übergeben werden, die diese Prozessschritte bisher nicht ausgeführt haben. Dies gilt sowohl für die Delegation von Prozessschritten ohne ärztlichen Vorbehalt an Pflegekräfte. Aber auch für die Übergabe von Arbeitsschritten von der Pflege an Mitarbeitende ohne ein pflegerisches Examen.

So kann beispielsweise die Gabe von zuvor angeordneter Bedarfsmedikation auf der Basis festgelegter Medikamentenschematas im Rahmen des Schmerzmanagements begleitet werden durch eine Checkliste zur Erfolgs- und Symptomkontrolle.

Häufig existieren Checklisten für die Triage in der Notaufnahme. Dadurch werden geschulte Pflegende in die Lage versetzt, Dringlichkeitsstufen im Rahmen der Notfallbehandlung zu erkennen und zu dokumentieren. Sie enthalten Symptome und Grenzwerte, die die Einordnung der Beschwerden in eine Triagestufe triggern.

Eine vom G-BA explizit geforderte ist die Sicherheitscheckliste im OP. Dafür gibt es gute Vorlagen, die genutzt werden sollten. Das APS hat dazu verschiedene Handlungsempfehlungen[32] erstellt, die nicht nur eine auf der Sicherheitscheckliste der WHO basierende Checkliste abbilden, sondern auch für einzelne darauf enthaltene Präventionsmaßnahmen Hinweise geben. Die Richtlinie sieht vor, dass solche Checklisten individuell erarbeitet werden können. Die Richtschnur dabei sollte jedoch sein, nur einzelne Elemente wegzulassen, wenn diese für die Organisation nicht von Belang sind. Eher zielt dieser Hinweis darauf ab, die Checkliste mit anderen Elementen zu verknüpfen, Beispielsweise mit den Anordnungen für die postoperative Schmerztherapie oder den Aufwachraum. Die explizit in der Richtlinie aufgeführten Bestandteile sollten natürlich enthalten sein. Der Umgang damit sollte in einer Verfahrensanweisung geregelt sein.

Aufgrund der Bestimmungen der QM-RL sind nicht nur stationär durchgeführte Operationen mit einer Checkliste zu begleiten. Auch am-

---

[32] Aktionsbündnis Patientensicherheit e. V. (o. D.): (https://www.aps-ev.de/handlungsempfehlungen/, Zugriff am 03.03.2021).

bulant durchgeführte Operationen sind zu berücksichtigen, sobald eine Sedierung erfolgt oder zwei ÄrztInnen am Eingriff beteiligt sind. Hier kann auf die speziellen Rahmenbedingungen ambulanter Eingriffe eingegangen werden und nicht relevante Präventionsschritte ggf. weggelassen werden. Diese Checkliste kann also kürzer sein. Insbesondere die Verantwortlichkeiten für die Anwendung sind in den meisten Krankenhäusern wohl abweisend von denen für stationär durchgeführte Operationen und Eingriffe. Der Umgang damit sollte also ebenfalls in einer speziellen Verfahrensanweisung geregelt werden.

Teambesprechungen

Es werden regelmäßig strukturierte Besprechungen mit den Mitarbeiterinnen und Mitarbeitern bzw. Teams durchgeführt, die allen Mitarbeiterinnen und Mitarbeitern ermöglichen, aktuelle Themen und Probleme anzusprechen.

Diese Anforderung der Richtlinie ist unklar definiert. Welche Teams angesprochen sind, wird nicht erläutert. Was ist ein Team im Sinne der Richtlinie? Was alle Mitarbeitende umfasst, bleibt ebenfalls offen. Sind es die patientennah tätigen Mitarbeitenden oder auch die im Management, in der Medizintechnik usw.?

Traditionell werden in Krankenhäusern verschiedene fallbezogene und nicht-fallbezogene Besprechungsformen angewendet:

- Röntgenbesprechungen
- Tumorkonferenzen
- morgendliche und abendliche Übergabebesprechungen
- Morbiditäts- und Mortalitätskonferenzen
- Fallkonferenzen
- ethische Fallbesprechungen
- Chefarztsitzungen
- Besprechungen der Pflegedirektion mit pflegerischen Stationsleitungen
- Sitzungen der Hygienekommission

- Sitzungen der Arzneimittelkommission
- Betriebsversammlungen
- Supervisionen

Selbst eine Visite kann je nach Konzept als Besprechung angesehen werden. Dazu kommen Projektgruppensitzungen, Briefings und Debriefings vor und nach wichtigen Tätigkeiten u. v. m..

Welche Besprechungen im Krankenhaus wirklich durchgeführt werden, sollte in einer Besprechungsmatrix festgehalten werden. Dadurch gelingt ein Überblick, welche Mitarbeitendengruppen einbezogen sind (▶ Tab. 2).

Tab. 2: Beispiel für eine Besprechungsmatrix

Besprechung	Wann/ Wo	Teilnehmer	Dauer	Protokoll	Verantwortlicher / Leiter

Fortbildungs- und Schulungsmaßnahmen

Alle Mitarbeiterinnen und Mitarbeiter sollen regelmäßig an Fortbildungen mit unmittelbarem Bezug zur eigenen Tätigkeit teilnehmen. Art und Umfang der Fortbildungs-bzw. Schulungsmaßnahmen werden mit der Leitung einer Einrichtung abgestimmt und in ein auf die Mitarbeiterin und den Mitarbeiter abgestimmtes Konzept eingebunden.

Mit den Ausführungen, die der G-BA zum Thema Fortbildungs- und Schulungsmaßnahmen macht, sind nicht die gesetzlich verankerten Pflichtschulungen gemeint. Es geht mit dem unmittelbaren Bezug zur Tätigkeit um fachliche Fortbildungen und Schulungen.

Die Anforderung ist nicht auf Mitarbeitende mit unmittelbarem Tätigkeitsbereich in der Patientenversorgung beschränkt. Damit sind auch die Mitarbeitenden in technischen Bereichen, im Management usw. zu berücksichtigen. Was in diesem Zusammenhang unter »regelmäßig« zu verstehen ist, wird nicht erläutert.

Soll diese Anforderung umgesetzt werden, ist dies ohne eine Matrix, die zumindest alle Mitarbeitergruppen enthält, wohl nicht zu überblicken. Für interne Fortbildungs- und Schulungsveranstaltungen sind für eine Umsetzungskontrolle Teilnehmerlisten unabdingbar.

Moderne Umsetzungen greifen auf Wissensplattformen zurück, in die jederzeit abrufbare Inhalte elektronisch aufbereitet eingestellt sind. Im pflegerischen Bereich wird neben einem internen Programm zur innerbetrieblichen Fortbildung häufig auf das Certified Nursing Education (CNE)[33] zurückgegriffen, in dem aktuelle und praxisorientierte pflegerische Lerninhalte zur Verfügung gestellt werden. Im ärztlichen Bereich sollten Kongressbesuche und die Teilnahme an Symposien so geplant werden, dass alle Mitarbeitende Berücksichtigung finden. Zunehmend werden inzwischen z. B. vom Thieme Verlag oder auch von Elsevier zahlreiche in Online-Plattformen zur Verfügung gestellte medizinische Zeitschriften und Fachbücher genutzt.

Zu diesem Themenbereich können auch Simulationstrainings gerechnet werden, in denen technische Fähigkeiten und / oder die Teaminteraktion insbesondere in Notfallsituationen geübt werden. Auch Obduktionen und Mortalitäts- und Morbiditätskonferenzen können bei entsprechender Durchführung als Fortbildungsaktivitäten gewertet werden.

Im Krankenhaus ist die Vernetzung von Informationen über die diversen Fortbildungsformen in den verschiedenen Fachdisziplinen und Berufsgruppen oft nicht gegeben. Für einen Überblick in einem abgestimmten Konzept sollte dieser jedoch hergestellt werden.

Patientenbefragungen

Die Einrichtung führt regelmäßig Patientenbefragungen durch und wertet diese aus. Deren Ergebnisse geben der Leitung und den Mitarbeiterinnen

---

33 Georg Thieme Verlag KG (o. D.): (https://cne.thieme.de/cne-webapp/p/experts, Zugriff am 01.03.2021).

> und Mitarbeitern eine Rückmeldung über die Patientenzufriedenheit und
> die Qualität der Versorgung aus Patientenperspektive sowie gegebenenfalls
> Anhaltspunkte für Verbesserungsmaßnahmen. Möglichst sollten dafür vali-
> dierte Patientenbefragungsinstrumente genutzt werden.

Patientenbefragungen können und sollten verschiedene Dimensionen der Versorgung betreffen. Im Kapitel Messen und Bewerten von Qualitätszielen werden 8 Dimensionen vorgeschlagen. Sollen alle diese Dimensionen mit Kennzahlen erhoben werden, werden verschiedene Befragungsinstrumente benötigt (▶ Abb. 6).

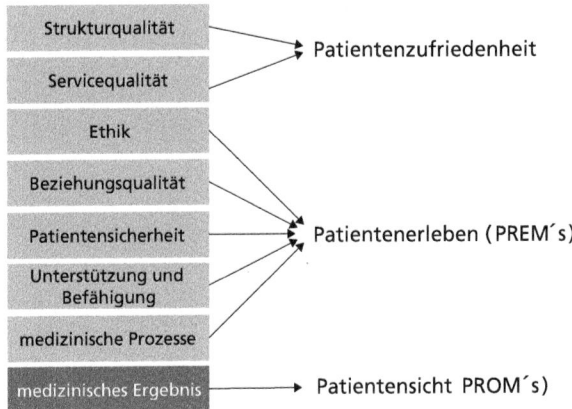

Abb. 6: Zu präferierende Patienten-Befragungsinstrumente für verschiedene Qualitätsdimensionen

Für die Fragen zur Strukturqualität und Servicequalität, sind Zufriedenheitsmessungen geeignet. Sie bestehen aus Fragen nach dem Muster »Wie zufrieden waren Sie mit ...«.

Prozessqualität kann natürlich auch mit Zufriedenheitfragen gemessen werden. Sinnvoller ist jedoch die Nutzung von ereignisorientierten Fragen, die das Patientenerleben hinsichtlich der Prozesse nach dem Muster »Kam es vor, dass ...« erfragen. Grundlage dafür ist es, zunächst die relevanten Aspekte zu definieren, die bei der Prozessgestaltung und

Durchführung für Patienten von Bedeutung sind. Dazu gehören Aspekte der Beziehungsqualität, der Patientensicherheit, der Unterstützung und Befähigung und der medizinischen Ethik sowie der medizinischen Abläufe. Nach diesen Aspekten kann dann mit PREM's gefragt werden.
Für die Messung von Ergebnisqualität sind Zufriedenheitsfragen ungeeignet. Die Zufriedenheit mit dem medizinischen Ergebnis ist zu sehr abhängig von z. B. der Vorinformation des Patienten und seinen durch die Anbieterkommunikation gebahnten Erwartungen. Um die Patientensicht auf das Ergebnis zu objektivieren, sollten konkrete Ergebniszustände möglichst im Vergleich mit dem vor der Behandlung bestehenden Beschwerdebild abgeglichen werden. Die verwendeten PROM's gehen also auf Lebensqualitätsmerkmale nach dem Fragemuster »Wie häufig/lange/... können Sie nach der Behandlung wieder...« ein.
Bei der Auswahl geeigneter Befragungsinstrumente sollte auf Folgendes geachtet werden:

- Werden relevante Fragen gestellt?
- Werden validierte Skalen genutzt?
- Ist genügend Anonymität für die Teilnehmer gewährleistet?
- Ist der richtiger Befragungszeitpunkt gewählt?
- Wird eine ausreichende Stichprobe befragt?
- Gibt es handlungsleitende Aufbereitungen?
- Gibt es Möglichkeiten zum Benchmarking?

Ausgewählte Aspekte der Ergebnisqualität, wichtige Aspekte der Struktur- und Servicequalität und zahlreiche Aspekte der Prozessqualität bildet der Fragebogen des Picker-Instituts ab, der mit großem methodischen Aufwand entwickelt wurde und alle Forderungen des G-BA abdeckt.

Methodische Anregungen zur Entwicklung von Patientenbefragungen finden sich im Methodenpapier des IQTIG[34]. Weiterführende methodische Aspekte werden durch FREISE[35] in einer auch im Internet verfügbaren Publikation[36] beleuchtet. Durch die Kenntnis methodischer Vorgehensweisen bei der Entwicklung können die vom G-BA geforderten validierten Instrumente ausgewählt werden. Über PROM's kann man sich auf den Internetseiten von ICHOM[37] – einer weltweiten Initiative zur Erarbeitung von Messinstrumenten für medizinischen Ergebnisqualität aus Patientensicht – informieren

Mitarbeiterbefragungen

Es werden regelmäßig möglichst anonyme Mitarbeiterbefragungen durchgeführt. Zweck der Befragung ist es, Informationen aus der Mitarbeiterperspektive zu ermitteln, um hieraus Veränderungsmaßnahmen – mit dem Ziel der Weiterentwicklung – abzuleiten.

Für Mitarbeiterbefragung gilt viel von dem, was auch für Patientenbefragungen wichtig ist. Der Anonymität bei der Auswertung der Ergebnisse kommt hier noch größere Bedeutung zu. Deshalb sollte festgelegt sein, ab wieviel Rückmeldungen eine gesonderte Auswertung für einen Bereich erfolgt. Dazu ist eine Abstimmung mit der Personalvertretung sinnvoll. Für die Wahl des Befragungsinstrumentes gilt, dass auch hier

---

34 Institut für Qualitätssicherung und Transparenz im Gesundheitswesen (o. D.): (https://iqtig.org/dateien/dasiqtig/grundlagen/IQTIG_Methodische-Grundlagen-V1.1_barrierefrei_2019-04-15.pdf, Zugriff am 02.03.2021).
35 Freise, D. C. (2003). Teilnahme und Methodik bei Patientenbefragungen. St. Augustin: Asgard-Verlag. (https://nbnresolving.org/urn:nbn:de:0168-ssoar-61140-4, Zugriff am 02.03.2021).
36 Leibniz-Institut für Sozialwissenschaften (o. D.): (https://www.ssoar.info/ssoar/bitstream/handle/document/61140/ssoar-2003-freise-Teilnahme_und_Methodik_bei_Patientenbefragungen.pdf?sequence=1&isAllowed=y&lnkname=ssoar-2003-freise-Teilnahme_und_Methodik_bei_Patientenbefragungen.pdf, Zugriff am 02.03.2021).
37 International Consortium for Health Outcome Measurement (o. D.): (www.ichom.org, Zugriff am 09.02.2019).

relevante Fragen gestellt werden müssen und validierte Skalen genutzt werden sollten.

Da der G-BA offen lässt, was »möglichst regelmäßig« bedeutet, kann ein angemessener Rhythmus für die Befragung selbst gewählt werden. Um eine sinnvolle Rücklaufquote bzw. Beteiligung zu erreichen, sollten die Befragungen nicht zu häufig durchgeführt werden. Alle 3 Jahre ist ein ausreichender Rhythmus. Wichtig ist, dass zwischen zwei Befragungen für die Mitarbeitenden spürbare Veränderungen abgeleitet und umgesetzt werden.

Die Ergebnisse sollten allen Mitarbeitenden zugänglich sein. Für die allgemeine Ergebnispräsentation kann eine Betriebsversammlung gewählt werden. Zusätzlich sollten jedoch auch Ergebnisbesprechungen auf Abteilungsebene stattfinden, um Veränderungen auf Teamebene zu fördern.

Ein gutes Befragungsinstrument bietet das Great Place to Work Institut[38] an. Die Befragung kann komplett elektronisch durchgeführt werden. In diesem Fall muss für Mitarbeitende, die keinen betrieblichen Zugang zu Computern haben, eine elektronische Eingabemöglichkeit geschaffen werden.

Die Auswertung einer Great Place to Work-Befragung erfolgt in den Dimensionen Glaubwürdigkeit, Respekt, Fairness, Stolz und Teamgeist. Sowohl branchenintern als auch branchenübergreifend stehen hier Benchmarkwerte zur Verfügung. Diese sind notwendig, um die eigenen Ergebnisse angemessen einordnen zu können.

Beschwerdemanagement

Die Einrichtung betreibt ein patientenorientiertes Beschwerdemanagement mit geregelter Bearbeitung der Beschwerden. Dazu gehört die Information der Patientinnen und Patienten über die persönliche oder anonyme Beschwerdemöglichkeit vor Ort. Die Rückmeldungen werden analysiert, bewertet und gegebenenfalls Veränderungsmaßnahmen daraus abgeleitet. So-

---

38 GPTW Deutschland GmbH (o. D.): (https://www.greatplacetowork.de, Zugriff am 16.02.2021).

> *fern möglich, erhalten die Beschwerdeführenden eine Rückmeldung über die gegebenenfalls eingeleiteten Maßnahmen.*

Die Vorgaben des G-BA machen deutlich, dass es im Beschwerdemanagementsystem sowohl einen direkten Beschwerdebearbeitungsprozess als auch einen indirekten Beschwerdeauswertungsprozess geben muss.

Beschwerden sind die Artikulationen von Unzufriedenheit, die gegenüber dem Krankenhaus oder Dritten mit verschiedenen Zwecken geäußert werden. Patienten wollen

- auf ein subjektiv als schädigend empfundenes Verhalten aufmerksam machen.
- Wiedergutmachung für erlittene Beeinträchtigung erreichen.
- eine Änderung des kritisierten Verhaltens erwirken.

Unzufriedenheit entsteht, wenn die Erwartungen eines Patienten oder der ihm nahestehenden Menschen nicht erfüllt werden. Dabei entstehen die Erwartungen aus den Bedürfnissen eines Patienten, ggf. seiner eigenen Erfahrung aus früheren Aufenthalten, der mündlichen Kommunikation z. B. von anderen Patienten über ihren Aufenthalt sowie der Kommunikation des Krankenhauses selbst, z. B. auf der Internetseite. Die so entstandene Leistungserwartung wird dann verglichen mit der realen Wahrnehmung während der Leistungserstellung. Tritt ein, was erwartet wurde, entsteht Indifferenz. Wird die Erwartung übertroffen, entsteht Zufriedenheit. Gibt es jedoch eine erhebliche negative Diskrepanz zur Erwartung, entsteht Unzufriedenheit, die zu einer Beschwerde oder einer Anspruchstellung führen kann (▶ Abb. 7).

Von einer Beschwerde wird gesprochen, wenn es sich bei der Unzufriedenheit um den Service, medizinische Prozesse oder die Arzt/Pflege-Patient-Beziehung handelt. Eine Reklamation liegt vor, wenn die Unzufriedenheit mit dem Ergebnis der medizinischen Leistung oder medizinischen Komplikationen handelt. Hier kann es zu einer Anspruchstellung gegenüber dem Haftpflichtversicherer kommen. Da die beiden Formen der Unzufriedenheit unterschiedliche Gründe und vor Allem Konsequenzen haben, sollten sie auch durch unterschiedliche und da-

§ 4 Methoden und Instrumente

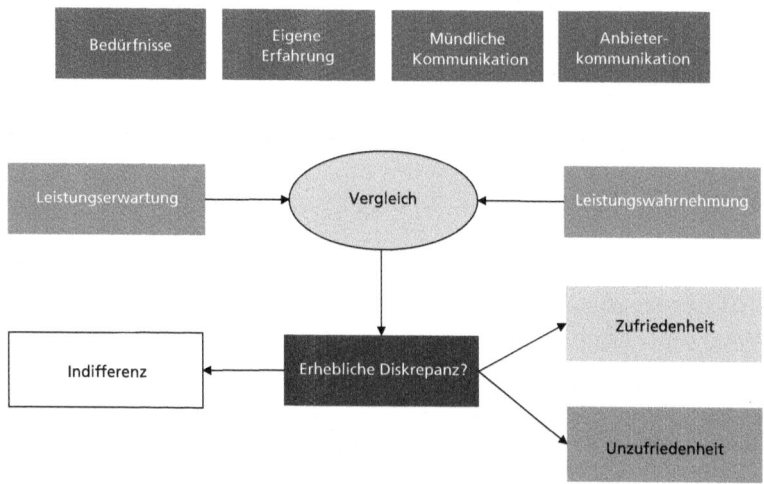

Abb. 7: Entstehung von Unzufriedenheit

rauf abgestimmte Prozesse geregelt sein. Während Beschwerden von einem Beschwerdemanager bearbeitet werden können ist es sinnvoll, bei der Bearbeitung von Reklamationen juristischen Sachverstand einzubinden.

Eine niedrigschwellige Beschwerdemöglichkeit kann helfen, Anspruchstellungen zu vermeiden. Explizit ausgewiesen und leicht aufzufinden sollte eine benannte Stelle im Krankenhaus mündliche oder schriftliche Beschwerden und Reklamationen entgegennehmen. Die Veröffentlichung einer Ansprechperson mit einer Durchwahl-Telefonnummer sowie einer eMail-Adresse sollte dafür selbstverständlich sein.

Die aktive Beschwerdestimulierung, z. B. im Rahmen einer bereits im Krankenhaus durchgeführten Patientenbefragung hilft dabei, Beschwerdegründe rechtzeitig zu erfahren und ggf. noch während des Aufenthaltes zu klären oder zu beseitigen.

Beschwert sich ein Patient oder seine Angehörigen unter Angabe seines Namens, erwartet er eine Reaktion seitens des Krankenhauses. Eine Reaktion sollte rasch erfolgen. Ist der Beschwerdegrund nicht umgehend zu analysieren, sollte mindestens eine Eingangsbestätigung mit der Erläuterung der nächsten Schritte und einem Zeitziel für die weitere Bearbeitung erfolgen. Verzögert sich die Beschwerdebearbeitung aus nachvollziehbaren Gründen, ist eine Zwischeninformation sinnvoll.

Indirekter Prozess

Die Auswertungen von Beschwerden sollte mindestens quartalsweise erfolgen, die Ergebnisse ausführlich analysiert werden. Zusätzlich geht die Auswertungen der eingegangenen Beschwerden ein in eine umfassende Ergebnisanalyse, wie sie im Kapitel Messen und Bewerten von Qualitätszielen als jährliches Qualitätsgespräch beschrieben wird.

Selbstverständlich sollten die Beschwerden für die einzelnen Fachabteilungen ausgewertet werden. Damit können die Ergebnisse mit den für den Bereich zuständigen ärztlichen und pflegerischen Führungskräften z. B. in den ebenfalls im Kapitel Messen und Bewerten von Qualitätszielen beschriebenen quartalsweisen Qualitätsgesprächen diskutiert werden können.

Sollte ein Qualitätsmodell genutzt werden, ist zudem eine Auswertung in den Qualitätsdimensionen sinnvoll, die für das Qualitätsmodell genutzt werden. Gerade im Rahmen der Diskussion der Ergebnisse mit den zuständigen Führungskräften kann so Verantwortung für die einzuleitenden Verbesserungsmaßnahmen konkret zugeschrieben werden.

Nicht nur an das Krankenhaus direkt gerichtete Beschwerden sollten beobachtet und ausgewertet werden. Im Internet finden sich an verschiedenen Stellen Rückmeldungen zu Krankenhausleistungen. Relevant ist die Plattform Klinikbewertungen.de, die eine durchaus bedeutsame Reichweite erreicht. Dort geäußerte Beschwerden sollten – wie auch die Meldungen an ggf. im Krankenhaus vorhandene Ombudspersonen – in die Beschwerdeauswertung einbezogen werden.

Eine gute Zusammenstellung einschlägiger Literatur zum Beschwerdemanagement findet sich in einer Veröffentlichung von Hilsenbeck.[39]

---

[39] Hilsenbeck, Th. (o. D.): (http://www.thomas-hilsenbeck.de/wp-content/uploads/Dr-Th-Hilsenbeck-Handbuch-Beschwerdemanagement-Vers-6_0.pdf, Zugriff am 02.03.2021).

Patienteninformation und -aufklärung

Zur Patienteninformation gehören Informations- und Aufklärungsmaßnahmen, die dazu beitragen, dass Patientinnen und Patienten besser im Behandlungsverlauf mitwirken und gezielt zur Erhöhung ihrer eigenen Sicherheit beitragen können.

Zur Patienteninformation gehört mehr als die Aufklärung vor Operationen, der Gabe stark wirksamer Medikamente, invasiver diagnostischer Prozeduren und anderen Aktivitäten. Im Rahmen der Verabschiedung des Patientenrechtegesetzes 2013[40] wurden die bereits in der Rechtsprechung kodifizierten Aspekte gesetzlich verankert. Im BGB § 630c Mitwirkung der Vertragsparteien; Informationspflichten wurde festgelegt, dass Patienten bereits zu Beginn der Behandlung das Recht haben auf eine für sie verständliche Patienteninformation hinsichtlich

- Diagnose,
- voraussichtliche gesundheitliche Entwicklung,
- Therapie,
- Maßnahmen nach der Therapie.

Weiterhin besteht das Recht auf Information auf Nachfrage oder zur Abwendung gesundheitlicher Gefahren auch ungefragt, wenn der Verdacht auf einen Behandlungsfehler besteht.

Auch die Patientenaufklärung ist im Patientenrechtegesetz verankert worden. Der § 630e Aufklärungspflichten fordert eine verständliche Aufklärung über alle für die Einwilligung wesentlichen Umstände sowie den Hinweis auf Alternativen. Im Rahmen der Rechtsprechung umfasst eine ordnungsgemäße Aufklärung zahlreiche Aspekte. Dabei geht es z. B. um

---

40 Bundesanzeiger Verlag GmbH (o. D.): (https://www.bgbl.de/xaver/bgbl/start.xav?start=//*%5B@attr_id=%27bgbl113s0277.pdf%27%5D#__bgbl__%2F%2F*%5B%40attr_id%3D%27bgbl113s0277.pdf%27%5D__1490871066542, **Zugriff am 02.03. 2021**).

- die korrekte Information über die Durchführung der Intervention und mögliche Komplikationen,
- den richtigen Zeitpunkt der Aufklärung,
- eine handschriftliche Individualisierung
- eine rechtsverbindliche Unterschrift
- die ungefragte Aushändigung einer Kopie der Aufklärungsdokumentation

Um über stets dem aktuellen Stand der Wissenschaft entsprechende und den gesetzlichen Anforderungen genügende Aufklärungsgrundlagen zu verfügen, ist es sinnvoll, diese bei einem professionellen Anbieter zu beziehen. Dabei bietet der Thieme Verlag eine große Auswahl eine wissenschaftlich fundierter Aufklärungsbögen[41]. Diese sind jedoch in einen Prozess einzubinden, der den o. g. Anforderungen genügt. Dazu sollte es eine für das gesamte Krankenhaus geltende Verfahrensanweisung geben, die sowohl die Aufklärung bei erwachsenen, elektiv behandelten Patienten beschreibt als auch die für dringliche und Notfälle sowie für nicht einsichtsfähige und minderjährige Patienten.

Um den rechtssicheren Umgang mit der Patientenaufklärung sicherzustellen, sind regelmäßige Schulungen zur Vermittlung der Prozese notwendig. Dazu gibt es inzwischen geeignetes Filmmaterial, dass die notwendigen Rahmenbedingungen geeignet vermittelt.

Für den gezielten Einsatz im individuellen Arzt-Patient-Kontakt wird eine Zusammenstellung zuverlässiger, verständlicher Patienteninformationen sowie von Angeboten von Selbsthilfeorganisationen und Beratungsstellen gepflegt.

Selbsthilfeorganisationen und Beratungsstellen bieten aufgrund ihrer langjährigen und Alltagserfahrungen insbesondere im Umgang mit chronischen Erkrankungen oft hilfreiche Hinweise für Patienten. Sie bilden eine Anlaufstelle im Rahmen der Krankheitsbewältigung sowohl

---

41 Georg Thieme Verlag KG (o. D.): (https://www.thieme.de/de/patientenaufklaerung/aufklaerungsboegen-89577.htm, **Zugriff am 02.03.2021**).

für Patienten als auch ihre Angehörigen. Nach der Auswahl geeigneter Broschüren können diese in Wartebereichen angeboten werden, sie können jedoch den Patienten auch im Behandlungsverlauf oder im Rahmen der Entlassung aktiv übergeben werden.

Die Stiftung für Qualität und Wirtschaftlichkeit im Gesundheitswesen hält auf Ihrer Internetseite[42] für die Allgemeinheit verständliche Gesundheitsinformationen über zahlreiche Themengebiete bereit, die Patienten empfohlen werden können.

Risikomanagement

> *Risikomanagement dient dem Umgang mit potenziellen Risiken, der Vermeidung und Verhütung von Fehlern und unerwünschten Ereignissen und somit der Entwicklung einer Sicherheitskultur. Dabei werden unter Berücksichtigung der Patienten- und Mitarbeiterperspektive alle Risiken in der Versorgung identifiziert und analysiert sowie Informationen aus anderen Qualitätsmanagement-Instrumenten, insbesondere die Meldungen aus Fehlermeldesystemen genutzt. Eine individuelle Risikostrategie umfasst das systematische Erkennen, Bewerten, Bewältigen und Überwachen von Risiken sowie die Analyse von kritischen und unerwünschten Ereignissen, aufgetretenen Schäden und die Ableitung und Umsetzung von Präventionsmaßnahmen.*

Kultur wird in landläufigen Definitionen als Summe aller Selbstverständlichkeiten bezeichnet. Eine Sicherheitskultur ist also dasjenige, was an sicherheitsfördernden Vorgehensweisen in einem Krankenhaus im klinischen Alltag sicher verankert ist. Kultur entsteht also durch die beständige Umsetzung von Prozessen.

Alle Risiken zu identifizieren – wie es der G-BA in seiner Richtlinie fordert – kann wohl nirgend umgesetzt werden. Nicht zuletzt belegen dies die immer wieder neu auftretenden Konstellationen in Haftpflichtfällen. Ein Krankenhaus muss sich also mit den präventiven

---

42 Stiftung für Qualität und Wirtschaftlichkeit im Gesundheitswesen (o. D.): (https://www.gesundheitsinformation.de, Zugriff am 14.03.2021).

Vorgehensweisen im klinischen Risikomanagement auf gravierende, prinzipiell verhinderbare Patientensicherheitsprobleme fokussieren. Die Handlungsempfehlung »Schützt vor Schaden: Schwerwiegende Ereignisse, die wir sicher verhindern wollen – Die APS SEVer-Liste«[43] enthält eine Reihe von Events, für die als Mindeststandard geeignete Präventionsmaßnahmen implementiert sein sollten. Zahlreiche weitere Handlungsempfehlungen des APS[44] enthalten bereits zahlreiche solcher Maßnahmen. Eine Liste geeigneter Präventionsmaßnahmen – abgestimmt auf die SEVer-Liste – werden von Arbeitsgruppen des APS aktuell entwickelt und sind nach der Fertigstellung auf der APS-Internetseite verfügbar.

Die in der Richtlinie geforderte Risikostrategie ist von jedem Krankenhaus zu erstellen. Hinweise, was der Inhalt für eine solche Risikostrategie sein kann, werden in der APS Handlungsempfehlung »Anforderungen an klinische Risikomanagementsysteme im Krankenhaus«[45] gegeben. Der G-BA fordert ja bereits, das klinische Risikomanagement als immanenten Bestandteil des QM-Systems zu organisieren. Demzufolge ist es sinnvoll, die Qualitätspolitik um Aspekte des Risikomanagements zu ergänzen und die Risikostrategie in die Qualitätsstrategie zu integrieren.

In dieser Handlungsempfehlung werden auch Hinweise für den Risikomanagement-Prozess und die geeigneten Instrumente für die Umsetzung sowie den Umgang mit der Risikokommunikation gegeben. Die wesentlichen werden allerdings bereits in der QM-RL gefordert. Der Risikomanagement-Prozess besteht aus der Risiko-Identifikation, -Analyse, -Bewertung, -Bewältigung und -Evaluation. Ein Weg der Bewältigung kann – neben der Einstellung der risikoträchtigen Tätigkeiten, der Implementierung geeigneter Präventionsmaßnahmen oder der Akzeptanz von Risiken mit und ohne eine Überwachung – auch die Überwälzung auf den Haftpflichtversicherer sein (▶ Abb. 8).

---

43 Aktionsbündnis Patientensicherheit e. V. (o. D.): (https://www.aps-ev.de/wp-content/uploads/2021/09/SEVer-Liste_APS.pdf, **Zugriff am 28.09.2021**).
44 Aktionsbündnis Patientensicherheit e. V. (o. D.): (https://www.aps-ev.de/handlungsempfehlungen/, Zugriff am 03.03.2021).
45 Aktionsbündnis Patientensicherheit e. V. (o. D.): (https://www.aps-ev.de/wp-content/uploads/2016/08/HE_Risikomanagement-1.pdf, **Zugriff am 03.03.2021**).

§ 4 Methoden und Instrumente

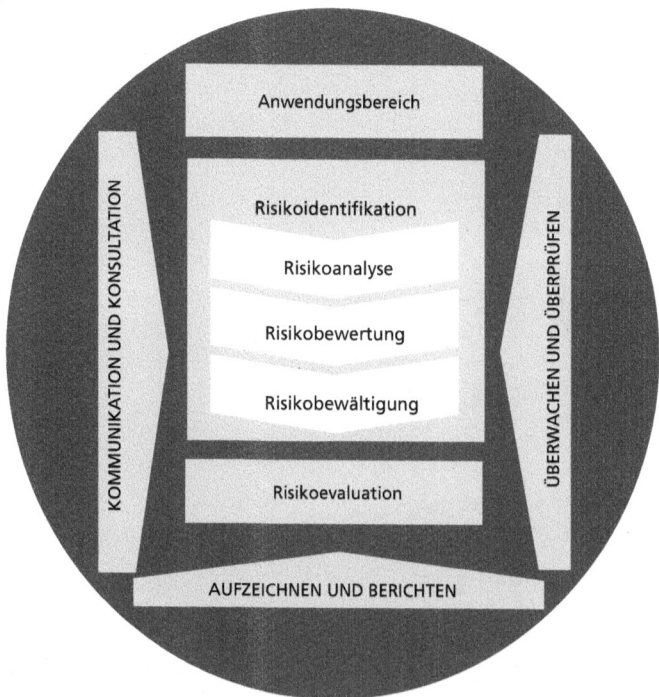

Abb. 8: Der Risikomanagement-Prozess

Ein relevanter Teil der Risikostrategie ist eine strukturierte Risikokommunikation.

Die geforderte strukturierte Risikokommunikation setzt ein Konzept zur Kommunikation auf den verschiedenen Ebenen des Unternehmens voraus. Wer kommuniziert was wie häufig an wen sollte festgelegt werden. Für die regelmäßige Kommunikation können die in der Besprechungsmatrix (vgl. Kapitel Teambesprechungen) festgelegten Regelbesprechungen genutzt werden.

Zu einer strukturierten Risikokommunikation gehört natürlich ein Berichtswesen, das mindestens die Krankenhausbetriebsleitung einbezieht und einen regelmäßigen Bericht über die Gesamtsituation des kRM vorsieht. Dies kann im Rahmen des in Kapitel Messen und Bewerten von Qualitätszielen beschriebenen Qualitätsplanungsgespräches anhand der dort kommunizierten Kennzahlen und Fakten geschehen. Der Bericht über das kRM kann aber auch im Rahmen eines Gesamtberichtes über das Risikomanagementsystem eines Krankenhauses an die Geschäftsführung und auch an die Aufsichtsgremien erfolgen.

Auf den fachlichen Ebenen ist es sinnvoll, regelmäßig und zeitnah über CIRS-Meldungen zu berichten, wie im Kapitel Fehlermanagement und Fehlermeldesysteme beschrieben. Natürlich müssen auch die Ergebnisse von Fallanalysen mindestens den Prozessbeteiligten zur Kenntnis gegeben werden. Nur so wird das Verständnis für die Etablierung weiterer Präventionsmaßnahmen geweckt. Mindestens im Kreis der Chefärzte und pflegerischen Stationsleitungen sollten jährlich auch Anspruchstellungen und der Stand der Haftpflichtfälle berichtet werden.

Im Anschluss an Sicherheitsaudits sollten auch die Auditergebnisse vorgestellt werden. Hier wären die Adressaten alle an den auditierten Prozessen beteiligte Mitarbeitende.

Fehlermanagement und Fehlermeldesysteme

Der systematische Umgang mit Fehlern (»Fehlermanagement«) ist Teil des Risikomanagements. Zum Fehlermanagement gehört das Erkennen und Nutzen von Fehlern und unerwünschten Ereignissen zur Einleitung von Verbesserungsprozessen in der Praxis.

Fehlermeldesysteme sind ein Instrument des Fehlermanagements. Ein Fehlerberichts-und Lernsystem ist für alle fach- und berufsgruppenübergreifend niederschwellig zugänglich und einfach zu bewerkstelligen. Ziel ist die Prävention von Fehlern und Schäden durch Lernen aus kritischen Ereignissen, damit diese künftig und auch für andere vermieden werden können. Die Meldungen sollen freiwillig, anonym und sanktionsfrei durch die Mitarbeiterinnen und Mitarbeiter erfolgen. Sie werden systematisch aufgearbeitet und Handlungsempfehlungen zur Prävention werden abgeleitet, umgesetzt und deren Wirksamkeit im Rahmen des Risikomanagements evaluiert.

Fehlermeldesysteme gehören zu den wichtigsten Instrumenten zum Erkennung von Risiken, Fehlern und kritischen Ereignissen, die durch Meldungen erkennbar werden. Sie werden auch Critical Incident Reporting System (CIRS) genannt. Voraussetzung für ein funktionierendes System sind möglichst zahlreiche Meldungen durch Mitarbeitende. Damit diese gefördert werden, ist es unabdingbar, dass dem Berichtenden die freiwillige, sanktionsfreie und anonyme Möglichkeit zu einer Meldung gegeben wird. Hilfreich dafür ist eine entsprechende Vereinbarung zwischen der Leitung einer Gesundheitseinrichtung und der Mitarbeitervertretung.

Eine weitere Voraussetzung für die Wirksamkeit ist die strikte Trennung zwischen CIRS und Systemen für Schadenmeldungen. Deshalb sollten im Vorfeld der Implementierung eines CIRS alle Mitarbeitenden über die sie betreffenden juristischen Rahmenbedingungen und die Abgrenzung der in einem CIRS zu meldenden sicherheitsrelevanten Sachverhalte informiert werden. Diese Informationen müssen immer wieder vermittelt werden.

Die sanktionsfreie Möglichkeit zur Meldung ist nicht immer nur an den Krankenhaus-internen Umgang mit Meldungen gebunden. Dem Ziel, die komplizierte Gesetzeslage diesbezüglich zu verbessern, wurde im 2013 in Kraft getretenen Gesetz zur Verbesserung der Rechte von Patientinnen und Patienten (Patientenrechtegesetz) mit dem § 135a Absatz 3 SGB V Rechnung getragen. Er regelt, dass Meldungen und Daten aus einrichtungsinternen und einrichtungsübergreifenden Risikomanagement- und Fehlermeldesystemen im Rechtsverkehr nicht zum Nachteil des Meldenden verwendet werden dürfen.

Kommt es zu einem sicherheitsrelevanten Ereignis, füllt der Berichtende ein Online-Formular über den Vorfall aus und kann bereits Lösungsvorschläge hinzufügen, die ein erneutes Auftreten dieses kritischen Ereignisses verhindern helfen sollen. Anschließend bewerten Experten den Vorfall und geben ihrerseits Lösungsvorschläge ab. Dieser Bewertung sollte in komplexen Fällen eine Fallanalyse zugrunde liegen (vgl. Kapitel Fallanalyse), da die Ereignisse oftmals durch vielschichtige und arbeitsteilige Abläufe begünstigt werden. Diese systemische Analyse bildet dann die Grundlage für die Entwicklung präventiver Maßnahmen bzw. die Erkenntnis zu eigentlich bereits implementierter, jedoch im

Einzelfall nicht oder nicht korrekt umgesetzter Präventionsmaßnahmen.

Nach einer ausführlichen Analyse und der Ableitung von Maßnahmen sollten diese veröffentlicht werden, um anderen Mitarbeitenden die Möglichkeit zu geben aus Fehlern zu lernen. Es motiviert jedoch auch die Mitarbeitenden in einer entsprechenden Situation selbst eine Meldung vorzunehmen.

Ein CIRS trägt dazu bei, unerwünschte Ereignisse zu reduzieren. Dies hilft

- den PatientInnen durch Verringerung der Patientenschäden,
- den Mitarbeitenden durch die Verhinderung eines Second-Victim-Geschehens
- und dem Unternehmen als Ganzes durch die Vermeidung von Anspruchstellungen und in der Folge Imageschäden und finanziellen Verlusten.

Bereits 2007 hat das APS Empfehlungen zur Einführung von CIRS im Krankenhaus veröffentlicht.[46]

Die Rahmenbedingungen für die Teilnahme an einem übergeordneten Fehlermeldesystem werden im Kapitel § 2 Bestimmung zu einrichtungsübergreifenden Fehlermeldesystemen dargestellt.

---

46 Aktionsbündnis Patientensicherheit e. V. (o. D.): (https://www.aps-ev.de/wp-content/uploads/2016/10/160913_CIRS-Broschuere_WEB.pdf, **Zugriff am 01.03.2021**).

Teil B Sektorspezifische Konkretisierungen der Rahmenbestimmungen des einrichtungsinternen Qualitätsmanagements

I. Stationäre Versorgung

§ 2 Bestimmung zu einrichtungsübergreifenden Fehlermeldesystemen

Wegen der inhaltlichen Nähe zum Kapitel Fehlermanagement und Fehlermeldesysteme wird der § 2 aus dem sektorspezifischen Teil für Krankenhäuser in Abänderung der Reihenfolge der Richtlinie an dieser Stelle abgebildet.

Gemäß § 136a Absatz 3 Satz 3 SGB V bestimmt der G-BA als Grundlage für die Vereinbarung von Vergütungszuschlägen nach § 17b Absatz 1a Nummer 4 des Krankenhausfinanzierungsgesetzes Anforderungen an einrichtungsübergreifende Fehlermeldesysteme, die in besonderem Maße geeignet erscheinen, Risiken und Fehlerquellen in der stationären Versorgung zu erkennen, auszuwerten und zur Vermeidung unerwünschter Ereignisse beizutragen. Diese Anforderungen sind in einer separaten Bestimmung des G-BA dargelegt.

Diese Passage der QM-Richtlinie verweist auf die gesetzlichen Anforderungen gemäß § 136a Absatz 3 Satz 3 SGB V.

»*§ 136a Absatz 3 SGB V*

3) Der Gemeinsame Bundesausschuss bestimmt in seinen Richtlinien über die grundsätzlichen Anforderungen an ein einrichtungsinternes Qualitätsmanagement nach § 136 Absatz 1 Satz 1 Nummer 1 wesentliche Maßnahmen zur Verbesserung der Patientensicherheit und legt insbesondere Mindeststandards für Risikomanagement- und Fehlermeldesysteme fest. Über die Umsetzung von Risikomanagement- und Fehlermeldesystemen in Krankenhäusern ist in den Qualitätsberichten nach § 136b Absatz 1 Satz 1 Nummer 3 zu informieren. **Als Grundlage für die Vereinbarung von Vergütungszuschlägen nach § 17b Absatz 1a Nummer 4 des Krankenhausfinanzierungsgesetzes bestimmt der Gemeinsame Bundesausschuss Anforderungen an einrichtungsübergreifende Fehlermeldesysteme, die in besonde-**

rem Maße geeignet erscheinen, Risiken und Fehlerquellen in der stationären Versorgung zu erkennen, auszuwerten und zur Vermeidung unerwünschter Ereignisse beizutragen.«

Wie in der QM-RL angekündigt, hat der G-BA dazu einen gesonderten Beschluss gefasst[47]: den »Beschluss des Gemeinsamen Bundesausschusses über eine Bestimmung von Anforderungen an einrichtungsübergreifende Fehlermeldesysteme« vom 17. März 2016. Demnach ist jedes Fehlermeldesystem im Sinne dieses Beschlusses eines, an dem mehrere Einrichtungen teilnehmen und in dem eine freiwillige, anonyme und sanktionsfreie Meldung durch Krankenhausmitarbeitende möglich ist. Verschiedene weitere Anforderungen werden im § 3 Anforderungen an ein einrichtungsübergreifendes Fehlermeldesystem formuliert. So muss es z. B. für alle Einrichtungen offen und über das Internet frei zugänglich sein und Meldungen über ein strukturiertes Formular ermöglichen.

Die Teilnahme ist gegeben, sobald das Krankenhaus mindestens eine aktive Meldung getätigt hat und die enthaltenen Fallbeschreibungen und Kommentare nutzt. Weist ein Krankenhaus seine Teilnahme an einem übergeordneten Fehlermeldesystem mittels einer jährlichen Teilnahmebestätigung nach, kann es die vom Gesetzgeber vorgesehenen Vergütungszuschläge im Rahmen der Budgetverhandlungen geltend machen.

Ein verbreitetes übergeordnetes Fehlermeldesystem ist das »Krankenhaus-CIRS-Netz Deutschland«, das bereits seit 2010 arbeitet.[48] Träger des Projekts sind die Bundesärztekammer, die Deutsche Krankenhausgesellschaft e. V. und der Deutsche Pflegerat e. V. Die Meldungen dürfen keine Daten enthalten, die Rückschlüsse auf die beteiligten Personen oder Institutionen erlauben, zum Beispiel Namen oder Ortsangaben. Dadurch soll verhindert werden, dass das Fehlerberichtsystem für andere Zwecke missbraucht wird. Die Berichte der Krankenhäuser werden deshalb zunächst anonymisiert, klassifiziert und erhalten bei überregionaler Relevanz einen Fachkommentar durch einen Fachbeirat aus Vertretern von Fachgesellschaften, Berufsverbänden und weiteren Institutionen. Berichtet werden Alerts und jeweils ein Fall des Monats.

---

47 Gemeinsamer Bundesausschuss (o. D.): (https://www.g-ba.de/downloads/39-261-2546/2016-03-17_ueFMS-B_Erstfassung_BAnz.pdf, Zugriff am 01.03.2021).

48 Bundesärztekammer (o. D.): (https://www.kh-cirs.de, Zugriff am 08.03.2021).

§ 2 Bestimmung zu einrichtungsübergreifenden Fehlermeldesystemen

Zahlreiche weitere übergeordnete Fehlermeldesysteme haben sich etabliert. Diese sind teilweise regional orientiert, wie das »CIRSmedical Westfalen-Lippe« oder das »Netzwerk CIRS-Berlin«. Andere konzentrieren sich auf spezifische Risiken, wie das »Netzwerk Medizinprodukte Sicherheit: CIRS zur Erhöhung der Patienten-und Anwendersicherheit im Umgang mit Medizinprodukten« oder das »CIRS-AINS – CIRSmedical Anästhesiologie«.

§ 5 Dokumentation

Die Einrichtungen haben die Umsetzung und Weiterentwicklung ihres Qualitätsmanagements im Sinne einer Selbstbewertung regelmäßig zu überprüfen. Die Ergebnisse der Überprüfung sind für interne Zwecke zu dokumentieren.

Die Überschrift zu diesem Paragrafen verrät nicht wirklich den Inhalt der folgenden Anforderung. Da bereits im Kapitel Messen und Bewerten von Qualitätszielen ein Äquivalent für die Managementbewertung der DIN EN ISO 9001 beschrieben wurde, könnte dieser Punkt mit der Durchführung interner Audits beantwortet werden. Hierzu wurden bereits Ausführungen im Kapitel Erhebung des Ist-Zustandes und Selbstbewertung gemacht und einige Auditformen skizziert. In diesem Sinne sollte in einem Krankenhaus zunächst eine Bestandsaufnahme erfolgen, welche Auditformen bereits durchgeführt werden. Denn in jedem Krankenhaus finden bereits zahlreiche Auditformen statt, die relevante Teile des QM-Systems regelmäßigen Überprüfungen unterziehen. Dazu könnten zählen:

- Interne Audits zur Umsetzung der DIN EN ISO 9001
- Zertifizierungsaudit für ein Systemzertifikat auf der Basis der DIN EN ISO, KTQ oder eines anderen QM-Systems
- Externe Audit zur Erlangung eines Zentrumszertifikats
- Sicherheitsaudits
- Peer Reviews
- Fallanalysen
- Mortalitäts- und Morbiditäts-Konferenzen

- Dokumentationsaudits
- Schnittstellenaudits
- Hygieneaudits
- Hämotherapieaudit (Auditierung im Rahmen der Qualitätssicherung Hämotherapie nach Abschnitt 6.4.2 der Richtlinie Hämotherapie)
- Brandschutzbegehung
- Arbeitsschutzbegehung
- Strahlenschutzbegehung
- Datenschutzbegehung
- Begehungen des Gesundheitsamtes

Der für ein Auditprogramm Verantwortliche sollte die Inhalte, die in den Audits analysiert werden, mit dieser Richtlinie abgleichen. Dadurch soll er sicherstellen, dass alle wichtigen Prozesse und insbesondere die in der RL erwähnten Anwendungsbereiche sowie die Methoden und Instrumente in festzulegenden Abständen auditiert werden. Jeweils am Jahresanfang sollten die Audits in einem gemeinsamen Auditjahresplan zusammengetragen und terminiert werden (▶ Tab. 3).

Tab. 3: Beispiel für eine Auditjahresplanung

Geltungsbereich	Ansprechpartner	Auditzeitraum	Auditart	Auditkriterien/ Normelemente/ Auditcheckliste	Auditoren	Status	Bemerkung
2021							
2022							
2023							
2024							
2025							

Da einige Auditformen anlassbezogen angesetzt werden, ist die Planung ein fortlaufender Prozess. Gerade der Status kann mit den auszuwählenden Elementen

- geplant
- terminiert
- durchgeführt
- Protokoll erhalten, keine Abweichungen
- Protokoll erhalten, Abweichungen gering
- Protokoll erhalten, Abweichungen mittel
- Protokoll erhalten, Abweichungen gravierend
- Maßnahmen vollständig umgesetzt
- abgesagt, siehe Begründung

einen guten Überblick über den Umsetzungsstand liefern.

Hilfreich könnte ein einheitliches Formular für ein Auditprotokoll bei mehreren internen Auditformen sein, in dem gefundene Verbesserungspotenziale und festgelegte Verbesserungsmaßnahmen leicht aufgefunden werden können, um sie in eine zentrale Maßnahmenliste zu überführen, die der Umsetzungsüberwachung dient.

§ 1 Qualitätsmanagement in der stationären Versorgung

Die Ergänzungen aus dem sektorspezifischen Teil B I Stationäre Versorgung § 1 zum klinischen Risikomanagement werden wegen der besseren Übersicht hier abgebildet.

> *Qualitätsziele als Bestandteil der Unternehmenspolitik sollen zu den Unternehmenszielen aufgenommen werden. Qualitätsmanagement und klinisches Risikomanagement sind Führungsaufgabe und werden von der Führungsebene verantwortet, dabei haben leitende Mitarbeiterinnen und Mitarbeiter eine Vorbildfunktion. Es soll ein übergeordnetes zentrales, berufsgruppenübergreifendes Gremium mit enger Einbindung der Krankenhausleitung genutzt werden. Es unterstützt und koordiniert die Umsetzung von Qualitätsmanagement und klinischem Risikomanagement im Krankenhaus. Voraussetzungen für ein funktionsfähiges Qualitätsmanagement und klinisches Risikomanagement sind aufbau- und ablauforganisatorische Rahmenbedingungen, die an den speziellen Verhältnissen vor Ort auszurichten sind, wobei Doppelstrukturen von Qualitäts- und Risikomanagement möglichst zu vermeiden sind. Als Instrumente des klinischen Risikomanagements im Krankenhaus sind z. B. Fehlermeldesysteme, Risiko-Audits, Morbiditäts- und Mortalitäts-Konferenzen oder Fallanalysen zu nennen.*

Das übergeordnete zentrale, berufsgruppenübergreifende Gremium

Bereits im sektorübergreifenden Teil der Richtlinie werden Anforderungen an die Formulierung von Zielen adressiert. Sobald sie Teil der Unternehmenspolitik sind, ist selbstverständlich, dass dies eine nicht delegierbare Führungsaufgabe darstellt. Die sich aus der Qualitäts- und Risikopolitik ergebende Strategie kann nur von der Führungsebene formuliert und verantwortet werden. Deshalb ist es unabdingbar, dass eine Qualitätskommission vom Geschäftsführer eines Krankenhauses geleitet wird. Ebenfalls selbstverständlich ist die Mitgliedschaft des ärztlichen Direktors und der Pflegedirektion in einer solchen Kommission, um einerseits deren Sichtweise und Expertise einzubinden und andererseits deren Multiplikatorenfunktion zu nutzen. Dazu sollten alle Stabsstellen, die Aufgaben im Changemanagement wahrnehmen, der Kommission angehören. In größeren Kliniken existieren häufig Stabsstellen für Organisationsentwicklung, Projektmanagement und Prozessmanagement. Sinnvoll wäre eine gemeinsame Stabsstelle, die diese Aufgaben gemeinsam mit dem Qualitäts- und dem klinischen und betriebswirtschaftlichen Risikomanagement wahrnimmt. Sollte es separate BeschwerdemanagerInnen und Verantwortliche für die gesetzliche externe Qualitätssicherung geben, sind auch diese sowohl in eine gemeinsame Stabsstelle als auch in die Qualitätskommission einzubeziehen, ebenso wie die Unternehmenskommunikation.

Um Aufbau und Aufrechterhaltung eines QM und kRM angemessen koordinieren zu können, ist eine monatliche Sitzungsfrequenz angemessen. Fixe Tagesordnungs- und Berichtspunkte unterstützen die Arbeit dieser Qualitätskommission.

Die Instrumente des klinischen Risikomanagements

Der G-BA fordert ausgewählte Instrumente des klinischen Risikomanagements. Diese stellen nur eine kleine Auswahl der sinnvollen und möglichen Instrumente dar. Dies macht deutlich, dass es sich um Mindestanforderungen an das kRM handelt. Weitere Instrumente, die Anwendung finden könnten, sind in der APS-Handlungsempfehlung Anforderungen an klinische Risikomanagementsysteme im Krankenhaus[49] im Kapitel Methoden und Instrumente im Risikomanagement aufgeführt.

---

49 Aktionsbündnis Patientensicherheit e. V. (o. D.): (https://www.aps-ev.de/wp-content/uploads/2016/08/HE_Risikomanagement-1.pdf, **Zugriff am 03.03.2021**).

Risiko-Audits

Eigentlich kann man Risiken nicht auditieren. Was auditiert werden kann, sind die als Sicherheitsbarrieren in die Prozesse integrierten Präventionsmaßnahmen. Deshalb wäre die Bezeichnung Sicherheitsaudit eher zu empfehlen.

Der Inhalt von Sicherheitsaudits sollte in einem Auditkatalog festgelegt sein. Spontane bzw. nicht durch eine Checkliste unterstützte Audits können die Vielzahl sinnvoller Präventionsmaßnahmen nicht erfassen, da dies dann von der individuellen Expertise des Auditors abhängt. Für ein Sicherheitsaudit ist deshalb eine sorgfältige Vorbereitung und Planung von Bedeutung, denn zunächst sind diejenigen Präventionsmaßnahmen zu bestimmen, die umgesetzt werden sollen. Ohne Unterstützung fällt es schwer, eine entsprechende Auditcheckliste zusammenzustellen. Aber woher bekommt man die dafür notwendigen Informationen? Eine Möglichkeit ergibt sich aus der Analyse z. B. der Handlungsempfehlungen des APS[50], in denen beschrieben wird, welche Präventionsmaßnahmen für ausgewählte Themen sinnvoll wären. Diese müssten aus den Handlungsempfehlungen herauskristalisiert und zu einem fachabteilungsspezifischen Katalog zugeordnet werden.

Eine Expertengruppe des APS hat eine Liste schwerwiegender Events zusammengestellt, für die derzeit geeignete Präventionsmaßnahmen definiert werden[51]. Sobald diese Zusammenstellung verfügbar ist, können sie einen Auditkatalog für die wichtigsten klinischen Risiken verhindernde Präventionsmaßnahmen darstellen.

Einrichtungsspezifische Auditinhalte können sich auch aus den konkret stattgefundenen Anspruchstellungen, CIRS-Meldungen und Fallanalysen ergeben.

Für intern durchgeführte Sicherheitsaudits muss weiterhin festgelegt sein, welche Auditformen eingesetzt werden sollen. Gravierende Risiken für Krankenhäuser ergeben sich häufig aus mangelhafter Dokumentation und Aufklärung. Hier sind es spezielle Dokumentationsaudits,

---

50 Aktionsbündnis Patientensicherheit e. V. (o. D.): (https://www.aps-ev.de/handlungsempfehlungen/, Zugriff am 03.03.2021).
51 Aktionsbündnis Patientensicherheit e. V. (o. D.): (https://www.aps-ev.de/wp-content/uploads/2021/09/SEVer-Liste_APS.pdf, Zugriff am 28.09.2021).

die die teilnehmende Beobachtung und Mitarbeiterinterviews sinnvoll ergänzen. Weiterhin ist festzulegen, welche Nachweise als Beleg für die Umsetzung von Präventionsmaßnahmen im klinischen Alltag akzeptabel erscheinen. Eine weitere Voraussetzung ist ein qualifizierter Auditor. Neben einer fundierten Auditorenausbildung und -erfahrung ist Berufserfahrung in einem klinischen Beruf unabdingbar.

Es gibt natürlich auch die Möglichkeit, ein auf klinische Sicherheitsaudits spezialisiertes Unternehmen zu beauftragen. Fundierte klinische Audits bietet die Gesellschaft für Risikoberatung (GRB)[52] an. Als Tochterunternehmen des größten Versicherungsmaklers in Deutschland nutzt die GRB seit 1994 die dadurch verfügbaren Informationen über Haftpflichtfälle. Diese werden analysiert und hinsichtlich ihrer Risiken ausgewertet. Daraus wurden und werden Präventionsmaßnahmen abgeleitet. Für ein erstes Sicherheitsaudit ist die Zusammenarbeit mit einem spezialisierten Unternehmen sinnvoll.

Morbiditäts- und Mortalitäts-Konferenzen

Der Analyse spezieller Behandlungsverläufe kommt im klinischen Risikomanagement eine besondere Bedeutung zu. Ein Instrument der Analyse sind Morbiditäts- und Mortalitäts-Konferenzen. Sie sind retrospektiv ausgerichtet und dienen nicht primär der Aus-, Fort- und Weiterbildung, auch wenn sie Aspekte beinhalten. Eher können sie als Auditform verstanden werden, da ausgehend von einem Patientenfall Verbesserungspotenziale gesucht werden.

In jeder Fachabteilung sollten mindestens quartalsweise solche Analysen durchgeführt werden. Für die Analyse sollten Fälle ausgewählt werden, bei denen es zu unerwarteten Verläufen oder Ergebnissen gekommen ist. Die zur Verfügung stehenden Unterlagen sollten durch einen Arzt der Fachabteilung vorbereitend aufbereitet und Hypothesen für Verbesserungspotenziale herausgearbeitet werden. Der Moderation der anschließenden Diskussion kommt dabei die Aufgabe zu, eine posi-

---

52 Gesellschaft für Risiko-Beratung mbH (o. D.): ⟨https://www.grb.de/⟩, Zugriff am 01.03.2021).

tive Diskussionskultur herzustellen, damit es nicht zu einer Atmosphäre der Schuldzuschreibung und der Selbstverteidigung kommt.

Am Ende einer Fallbesprechung werden das konkret identifizierte Problem, die abgeleiteten Lernbotschaften, Ziele und – wenn möglich – Empfehlungen für eine zukünftig verbesserte Vorgehensweise in ähnlichen Fällen sowie abgeleitete Maßnahmen zusammengefasst. Im Leitfaden der Bundesärztekammer wird für die abschließende Zusammenfassung die Beantwortung folgender Fragen empfohlen[53]:

- Was ist passiert?
- Was hat zum Outcome geführt?
- Was wurde daraus gelernt?
- Was wollen wir erreichen?
- Was ist zukünftig zu tun?

Morbiditäts- und Mortalitäts-Konferenzen können berufsgruppenübergreifend stattfinden. In diesem Fall sollte ein/eine pflegerische/r MitarbeiterIn eine Aktenanalyse vornehmen und deren Ergebnisse vorstellen. Sinnvoll ist auch ein fachabteilungsübergreifendes Vorgehen. Gerade bei intensivmedizinisch behandelten Fällen ist die gemeinsame Diskussion von Verbesserungspotenzial wichtig.

Die Bundesärztekammer hat für die Durchführung von Morbiditäts- und Mortalitäts-Konferenzen einen Leitfaden veröffentlicht[54]. Er beschreibt die verschiedenen Rollen und ihre Aufgaben, beinhaltet eine Checkliste für die Implementierung, bietet ein Beispiel für ein Protokoll und einen Feedbackbogen. Der ebenfalls enthaltene Musterablaufplan zeigt, wie innerhalb einer Stunde eine sinnvolle Konferenz strukturiert sein kann.

---

53 Bundesärztekammer (o. D.): (https://www.bundesaerztekammer.de/fileadmin/user_upload/downloads/pdf-Ordner/QS/M_Mk.pdf, **Zugriff am 01.03.2021**).
54 Bundesärztekammer (o. D.): (https://www.bundesaerztekammer.de/fileadmin/user_upload/downloads/pdf-Ordner/QS/M_Mk.pdf, **Zugriff am 01.03.2021**).

Fallanalysen

Fallanalysen sind ein Instrument um identifizierte Schadenfälle oder CIRS-Fälle fundiert auf Verbesserungspotenzial hin zu untersuchen. Sie unterstützt das Auffinden der tatsächlich relevanten ursächlichen Faktoren. Herkömmliche Methoden fördern oft Erklärungsversuche statt Ursachenerkennung. Lernprozesse auf der Basis dieser Fälle finden somit überwiegend nicht statt.

Für eine Fallanalyse eigenen sich insbesondere Behandlungsfälle, bei denen es zu einem Event im Sinne der SEVer-Liste des APS[55] mit oder ohne Patientenschaden gekommen ist oder beinahe gekommen wäre. Aber auch weitere Fälle, bei denen geplante Präventionsmaßnahmen versagt haben könnten, eignen sich. Hier liegt auch die Abgrenzung zur Analyse in einer Morbiditäts- und Mortalitäts-Konferenz. Während es dort um die Identifikation veralteter und nicht korrekt angewendeter medizinischer Vorgehensweisen im Rahmen von Diagnostik und Therapie geht, geht es in der Fallanalyse um nicht ordnungsgemäß durchgeführte oder in der Einrichtung noch nicht implementierte Risiko-Präventionsmaßnahmen. Ziel einer Fallanalyse ist, dass die Wiederholung gleicher oder ähnlicher Ereignisse verhindert und vorhandene Risiken effektiv reduzieren werden. Bevor eine Fallanalyse durchgeführt wird, ist eine Reihe rechtlicher, institutioneller und personeller Rahmenbedingungen zu berücksichtigen und innerhalb der Organisation zu vereinbaren.

Der G-BA lässt die Auswahl einer geeigneten Fallanalyse-Methode offen. Im Wesentlichen beruhen diese Methoden auf der Erstellung einer Zeitreihenanalyse bzw. eines Zeit-Personen-Rasters, in die die Ergebnisse einer Barrierenanalyse eingeordnet werden. Als Barrieren sind die eigentlich sinnvollen Präventionsmaßnahmen anzusehen, die in diesem speziellen Fall ggf. nicht oder nicht ordnungsgemäß durchgeführt wurden. Die Ursachen dafür werden mit einer intensiven, strukturierten Ursachenanalyse herausgearbeitet. Die Ergebnisse können visualisiert werden, wodurch die Harmonisierung der Sichtweisen der am Hergang

---

55 Aktionsbündnis Patientensicherheit e. V. (o. D.): (https://www.aps-ev.de/wp-content/uploads/2021/09/SEVer-Liste_APS.pdf, **Zugriff am 28.09.2021**).

Beteiligten erreicht werden kann. Dies ist die Grundlage für eine akzeptierte Ableitung und Umsetzung von Verbesserungsmaßnahmen.

Das APS hat die Handlungsempfehlung »Empfehlung zur Implementierung und Durchführung von Fallanalysen« zur Fallanalyse von unerwünschten Ereignissen und Risikosituationen in medizinischen Einrichtungen veröffentlicht,[56] die aus zwei Teilen besteht: einer Kurz[57]- und einer Langfassung[58].

---

56 Aktionsbündnis Patientensicherheit e. V. (o. D.): (https://www.apsev.de/hempfehlungen/fallanalyse, **Zugriff am 07.03.2021**).
57 Aktionsbündnis Patientensicherheit e. V. (o. D.): (https://www.aps-ev.de/wp-content/uploads/2020/04/HE-Fallanalyse_Kurzfassung_web.pdf, **Zugriff am 07.03.2021**).
58 Aktionsbündnis Patientensicherheit e. V. (o. D.): (https://www.aps-ev.de/wp-content/uploads/2020/04/HE-Fallanalyse_Langfassung_web.pdf, **Zugriff am 01.03.2021**).

§ 4 Methoden und Instrumente

In Abänderung der in der RL abgebildeten Reihenfolge werden die »Anwendungsbereiche« aus dem sektorübergreifenden Teil der Richtlinie hier besprochen, nachdem zuvor die »Methoden und Instrumente« sowohl aus dem sektorübergreifenden als auch dem sektorspezifischen Teil der Richtlinie behandelt wurden.

> *(2) Im Rahmen des Qualitätsmanagements werden insbesondere folgende Anwendungsbereiche geregelt:*
>
> **Notfallmanagement**
> *Es wird eine dem Patienten- und Leistungsspektrum entsprechende Notfallausstattung und Notfallkompetenz, die durch regelmäßiges Notfalltraining aktualisiert wird, vorgehalten. Die Mitarbeiterinnen und Mitarbeiter sind im Erkennen von und Handeln bei Notfallsituationen geschult.*

Der G-BA hat in seinen Regelungen zu einem gestuften System von Notfallstrukturen in Krankenhäusern vom April 2018[59] mit einer Ergänzung vom November 2020[60] umfangreiche Strukturvoraussetzungen, aber auch Prozessqualitätsanforderungen festgelegt. So ist eine Ersteinschätzung zu gewährleisten, wie sie z. B. mit der Manchester Triage

---

59 Gemeinsamer Bundesausschuss (o. D.): (https://www.g-ba.de/downloads/39-261-3301/2018-04-19_Not-Kra-R_Erstfassung.pdf, **Zugriff am 01.03.2021**).
60 Gemeinsamer Bundesausschuss (o. D.): https://www.g-ba.de/downloads/62-492-2340/Not-Kra-R_2020-11-20_iK-2020-11-01.pdf, **Zugriff am 01.03.2021**).

durchgeführt werden könnte. Durch diese Regelungen wurden alle Notaufnahmen in ein dreistufiges System eingeteilt. An jede Stufe werden aufsteigende Anforderungen gestellt.

Die DGINA hat auf Ihren Internetseiten einen Anforderungskatalog an interdisziplinäre Notaufnahmen abgebildet,[61] an der sich eine Notaufnahme orientieren kann, auch wenn sie keine DGINA-Zertifizierung anstrebt. Notaufnahmen, die diese Anforderungen erfüllen, sind vermutlich gut für die Anforderungen des G-BA gut gerüstet. Zusätzlich bietet die DGINA themenbezogene Fortbildungsveranstaltungen an.

Notfälle kommen in jedem Krankenhaus vor. Bedingt durch die behandelten Patientengruppen ist jedoch das Auftreten außerordentlich unterschiedlich. Krankenhäuser mit einer Notaufnahme, einer Intensivstation, einem Kreißsaal oder einem Herzkatheterlabor haben öfter PatientInnen in Notsituationen zu versorgen, als Einrichtungen ohne diese Strukturen.

Während in manchen Krankenhäusern deshalb ein regelmäßiges Intubations- und Reanimationstraining, das einzelne Mitarbeitende absolvieren als ausreichend angesehen wird, ist für andere das regelmäßige Teamtraining mit einer technischen Ausstattung für die Simulation von Notfallsituationen sinnvoll. Krankenhäuser, in denen es selten zu Notsituationen kommt, übertragen die Versorgung dieser Patienten oft auf feste Teams, die über einen hausinternen Notruf herbeigerufen werden können.

Hygienemanagement

Hygienemanagement umfasst den sachgerechten Umgang mit allen hygieneassoziierten Strukturen und Prozessen einer Einrichtung und dient der Verhütung und Vorbeugung von Infektionen und Krankheiten. Dazu gehören z. B. auch der sachgerechte Einsatz antimikrobieller Substanzen sowie Maßnahmen gegen die Verbreitung multiresistenter Erreger.

---

61 Deutsche Gesellschaft Interdisziplinäre Notfall- und Akutmedizin e. V. (o. D.): (https://www.dgina.de/downloads/dginazert_anforderungen.pdf, **Zugriff am 14.03. 2021**).

Diese Anforderungen werden im Teil B Sektorspezifische Konkretisierungen der Rahmenbestimmungen des einrichtungsinternen Qualitätsmanagements, I. Stationäre Versorgung, § 1 Qualitätsmanagement in der stationären Versorgung noch einmal adressiert durch folgende Ausführungen:

> *Die Schaffung entsprechender hygiene- und infektionsmedizinisch-assoziierter Strukturen und Prozesse im Krankenhaus ist Voraussetzung für die Gewährleistung der Patientensicherheit. Zur sachgerechten Umsetzung sind eine konsequent eingehaltene (Basis-)Hygiene, eine aussagekräftige Surveillance und der gezielte und kontrollierte Umgang mit Antibiotika durch entsprechend qualifizierte Mitarbeiterinnen und Mitarbeiter notwendig.*

Hygiene im Krankenhaus ist inzwischen intensiv durch Vorgaben geregelt. Das Hygieneschutzgesetz[62] wird ergänzt durch Landeshygieneverordnungen und Richtlinien des Robert Koch-Instituts[63]. Die Vorgaben unterscheiden sich teilweise in den verschiedenen Bundesländern. Diese sind natürlich umzusetzen. In diesen gesetzlichen und untergesetzlichen Vorgaben werden auch die Aufgaben für die in den Strukturvorgaben vorgesehenen Beteiligten beschrieben.

Gerade die Strukturen wurden in den vergangenen Jahren konkret geregelt. Benötigt werden Mitarbeitende mit unterschiedlichem Qualifikationsniveau in der Krankenhaushygiene. Vom Krankenhaushygieniker mir einer entsprechenden Facharztqualifikation über die Hygienefachkraft, einer Pflegekraft mit 2-jähriger Weiterbildung bis hin zum Hygienebeauftragten Arzt und der Hygienebeauftragten Pflegekraft mit einer jeweils 1-wöchigen Ausbildung erstrecken sich die Vorgaben.

Hygienemanagement ist ein wichtiger Teil der Risikoprävention. Die wichtigsten Säulen sind die Standardhygiene mit Händehygiene, Handschuhen und Kitteln, aseptisches Arbeiten insbesondere im Rahmen invasiver Maßnahmen im OP und in Eingriffsräumen, Sterilisation, geziel-

---

62 Bundesministerium der Justiz und für Verbraucherschutz (o. D.): (https://www.gesetze-im-internet.de/ifsg/index.html, Zugriff am 14.03.2021).
63 Robert Koch-Institut (o. D.): (https://www.rki.de/DE/Content/Kommissionen/GendiagnostikKommission/Richtlinien/Richtlinien_node.html, Zugriff am 14.03.2021).

te Desinfektions- und Isolierungsmaßnahmen, mikrobiologisch-virologisches Screening, hygieneunterstützende bauliche Maßnahmen sowie eine rationale Antibiotikatherapie und -prophylaxe. Dazu kommen spezifische Konzepte z. B. in einer Krankenhausküche mit dem HACCP, der Zentralsterilisationseinheit mit umfangreichen Vorgaben für die Instrumentenaufbereitung oder der Wasserüberwachung.

Insbesondere der Händedesinfektion ist in den vergangenen Jahren erhöhte Aufmerksamkeit gewidmet worden. Zahlreiche Krankenhäuser beteiligen sich inzwischen an der 2008 begründeten »Aktion Saubere Hände«[64]. Diese unterstützt die Einrichtungen mit Arbeitsmaterialien, Aktionen und Kampagnen, führt ein Benchmarking mit spezifischen Indikatoren durch und vergibt eine 3-stufige Zertifizierung.

Die geforderte aussagekräftige Surveillance ist bei regelmäßiger Erhebung und Beobachtung von Ausbruchsgeschehen ebenfalls eine Präventionsmaßnahme. Sie wird von vielen Krankenhäusern durch eine Beteiligung an der Datensammlung und -auswertung durch das Nationale Referenzzentrum für Surveillance von nosokomialen Infektionen[65] wahrgenommen. Für zahlreiche Patientengruppen bzw. Krankenhausbereiche stehen Datensätze zur Verfügung, die dort im Sinne eines Benchmarkings ausgewertet werden. So werden z. B. betrieben[66]

- stations- bzw. abteilungsbasierte Module (OP-, ITS-, STATIONS-, NEO- und ONKO-KISS)
- krankenhausbasierte Module (HAND-, MRSA- und CDAD-KISS)

Für eine einrichtungsinterne Surveillance kann die IT-Anwendung HyBASE[67] Verwendung finden. Sie führt Daten aus verschiedenen Quellen zusammen, wofür Schnittstellen zum Krankenhausinformationssystem, dem Labor und der Apotheke einzurichten sind. Dafür können dann zahlreiche Auswertungen individuell definiert werden.

---

64 Aktion Saubere Hände (o. D.): (https://www.aktion-sauberehaende.de/krankenhau ser, Zugriff am 03.03.2021).
65 Institut für Hygiene und Umweltmedizin der Charité (o. D.: (https://www.nrz-hy giene.de/nrz/vorstellung/, Zugriff am 11.03.2021).
66 Institut für Hygiene und Umweltmedizin der Charité (o. D.: (https://www.nrz-hy giene.de/surveillance/kiss/teilnahme, Zugriff am 11.03.2021).
67 EpiNet AG (o. D.): (https://www.epinet.de/hybase.php, Zugriff am 14.03.2021).

Gerade in den letzten Jahren ist das Thema Umgang mit Antibiotika gesellschaftlich intensiver diskutiert worden. Ein gezielter und kontrollierter Umgang mit Antibiotika sollte von dafür explizit geschulten Ärzten unterstützt werden. Die Akademie für Infektionsmedizin e. V.[68] bietet neben einer Leitlinie zur »Strategien zur Sicherung rationaler Antibiotika-Anwendung im Krankenhaus« Fortbildungskurse und Austausch in einem Netzwerk an.

In diesen Themenkreis gehört auch der Umgang mit der Sepsis. Zahlreiche Initiativen sollen helfen, die Erkennung von Sepsis zu fördern. Das APS hat dazu eine Kampagne initiiert,[69] bei der Einrichtungen ihre Materialien anderen zur Verfügung stellen. In einer APS-Handlungsempfehlung werden konkrete Hinweise zur Sepsis-Erkennung gegeben.[70]

Arzneimitteltherapiesicherheit

Arzneimitteltherapiesicherheit ist die Gesamtheit der Maßnahmen zur Gewährleistung eines optimalen Medikationsprozesses mit dem Ziel, Medikationsfehler und damit vermeidbare Risiken für die Patientin und den Patienten bei der Arzneimitteltherapie zu verringern.

Die Einrichtung soll bei der Verordnung und Verabreichung von Arzneimitteln

- *vermeidbare Risiken, die im Rahmen der Arzneimitteltherapie entstehen, durch geeignete Maßnahmen identifizieren,*
- *durch geeignete Maßnahmen sicherstellen, dass einschlägige Empfehlungen im Umgang mit Arzneimitteln bekannt sind und*
- *sicherstellen, dass angemessene Maßnahmen ergriffen werden, um Risiken im Medikationsprozess zu minimieren.*

---

68 Akademie für Infektionsmedizin e. V.(o. D.): (https://www.antibiotic-stewardship.de, Zugriff am 14.03.2021).
69 Aktionsbündnis Patientensicherheit (o. D.): (https://www.aps-ev.de/sepsis-kampagne, Zugriff am 14.03.2021).
70 Aktionsntbündnis Patientensicherheit e. V. (o. D.): (https://www.aps-ev.de/wp-content/uploads/2021/02/APS-HE_Sepsis_Personal.pdf, Zugriff am 14.03.2021).

Jede ärztliche Verordnung im Krankenhaus wird durch eine Anordnung in einer Patientenakte dokumentiert. Weiterbehandelnde Ärzte, Apotheker, Pflegekräfte, aber auch die Patienten sollen der Verordnung entnehmen können, welches Medikament wie lange, in welcher Dosierung und auf welche Weise angewendet werden soll. Das setzt voraus, dass die Dokumentation lesbar und unmissverständlich ist sowie alle für die Interpretation notwendigen Informationen enthält. Bereits kleinste Ungenauigkeiten können zu Missverständnissen führen und dafür sorgen, dass eine Arzneimittelverordnung versehentlich unkorrekt ausgeführt wird. Die »Arbeitsgruppe AMTS« des APS hat eine Handlungsempfehlung erarbeitet, die allgemeingültige Standards für die Dokumentation einer Arzneimittelverordnung beschreibt.[71] Ebenfalls allgemeine Informationen zur sicheren Gestaltung des Medikationsprozesses sind enthalten im »Arbeitsmaterial: ›Vier-Augen-Prinzip‹ oder welche Kontrolle ist im akutstationären Medikationsprozess sinnvoll?«[72].

Für besondere Arzneimittel wie Methotrexat[73] oder Vincristin[74], die bei falscher Verabreichung gefährliche Schäden verursachen können, hat diese Arbeitsgruppe weitere APS-Handlungsempfehlungen erarbeitet.

Schmerzmanagement

Bei Patientinnen und Patienten mit bestehenden sowie zu erwartenden Schmerzen erfolgt ein Schmerzmanagement von der Erfassung bis hin zur

---

71 Aktionsbündnis Patientensicherheit e. V. (o. D.): (https://www.aps-ev.de/wp-content/uploads/2020/06/Ansrisstext_HE_AMTS_Verordnungspraxis_Langfassung_02.pdf Zugriff am 01.03.2021).
72 Aktionsbündnis Patientensicherheit e. V. (o. D.): (https://www.aps-ev.de/wp-content/uploads/2020/11/APS-Arbeitsmittel_Vier-Augen-Prinzip_AMTS.pdf, Zugriff am 01.03.2021).
73 Aktionsbündnis Patientensicherheit e. V. (o. D.): (https://www.aps-ev.de/wp-content/uploads/2016/09/Handlungsempfehlung_-_Methotrexat.pdf, Zugriff am 03.03.2021).
74 Aktionsbündnis Patientensicherheit e. V. (o. D.): (https://www.aps-ev.de/wp-content/uploads/2016/08/APS_HE_Vincristin.pdf, Zugriff am 03.03.2021).

> *Therapie, das dem Entstehen von Schmerzen vorbeugt, sie reduziert oder beseitigt.*

Die allgemeine Anforderung, ein Schmerzmanagement einzuführen, besteht bereits seit 2015. Dieser Punkt wurde 2019 um folgende Passage erweitert:

> *Stationäre und vertragsärztliche Einrichtungen, in denen Interventionen durchgeführt werden, die mit postoperativem Akutschmerz einhergehen können, sollen indikationsspezifische interne schriftliche Reglungen entwickeln und anwenden. Diese umfassen in Abhängigkeit von der Größe der Einrichtung und der Komplexität der Eingriffe auch die Darstellung und Zuordnung personeller und organisatorischer Ressourcen und Verantwortlichkeiten und sollen mit allen an der Versorgung beteiligten Fachdisziplinen und Professionen abgestimmt werden. Dabei sollen Akutschmerzen – möglichst mit validierten Instrumenten – standardisiert aus Patientensicht erfasst, ggf. im akuten Therapieverlauf wiederholt erfasst und bürokratiearm dokumentiert und nach einem individuellen Behandlungsplan behandelt werden. Die Patienten werden in die Therapieentscheidung aktiv mit einbezogen.*

Durch diese Erweiterung der Anforderungen werden neue Aspekte angesprochen, die nunmehr erfüllt werden müssen. Zunächst werden »indikationsspezifische interne schriftliche Reglungen« gefordert. Werden diese erarbeitet, sollte zunächst eine für alle Fachrichtungen des Krankenhauses einheitliche Form entwickelt werden, wie diese Medikamentenschemata dokumentiert werden können. Dabei sollten pro Patientengruppe folgende Punkte festgelegt werden:

- Medikament
- Dosisstärke pro Gabe
- Applikationsform
- Häufigkeit der Verabreichung

- Tageshöchstdosis
- Bemerkungen

In einer Verfahrensanweisung sollte beschrieben werden, welche Berufsgruppe welche Verantwortung übernehmen kann. Wird mit Medikamentenschemata gearbeitet, so könnte es z. B. ärztliche Aufgabe sein, bereits unmittelbar postoperativ das für den Patienten anzuwendende Medikamentenschemata anzuordnen.

Pflegenden kann es dann zugeordnet werden, innerhalb das angeordneten Schemas selbständig Medikamente zu verabreichen. Ebenso sollte beschrieben werden, mit welchem Abstand zur Medikamentengabe für welche Medikamente, z. B. mit einer Checkliste, eine Erfolgs- und Symptomkontrolle durchgeführt und dokumentiert werden sollte.

Leitlinien für die Gestaltung der Medikamentenschemata, die von der Deutschen Schmerzgesellschaft e. V. federführend koordiniert wurden oder aber mit anderen wissenschaftlichen Fachgesellschaften gemeinsam erarbeitet wurden, finden sich auf dem Leitlinienportal der AWMF[75].

Die vom G-BA geforderte aktive Einbeziehung der Patienten erfolgt beginnend mit der Schmerzanamnese und fortgesetzt mit der ersten Schmerzmessung. Examinierte Pflegekräfte können diese postoperativ durchführen. Dafür sind möglichst einheitlich für das gesamte Krankenhaus Skalen auszuwählen. Für Erwachsene gibt es validierte Skalen, die die Schmerzstufen verbal und – für fremdsprachige Patienten von Vorteil – mit Smileys abbilden. Ausgewählt werden kann z. B. zwischen einer

- visuellen Analogskala (VAS)
- numerischen Rating-Skala (NRS)
- verbale Rating-Skala (VRS)
- Smiley-Analogskala (SAS)
- Faces Pain Scale-Revised (FPS-R)

---

[75] Arbeitsgemeinschaft der Wissenschaftlichen Medizinischen Fachgesellschaften e. V. (o. D.): (https://www.awmf.org/leitlinien/aktuelle-leitlinien.html, Zugriff am 06.03.2021).

Wichtig für eine reibungsfreie Schmerzmessung und Dokumentation ist eine einheitliche Auswahl von Skalen für ein Krankenhaus. Werden auch Kinder behandelt, wird dafür jedoch zusätzlich eine besondere Skala, wie z. B. die KUS-Skala, benötigt. Die KUS-Skala, kurz KUSS, ist eine Skala zur Befindlichkeitserfassung von Säuglingen und Kleinkindern, aber auch Patienten mit Sprach- und Verständnisschwierigkeiten. Die notwendigen Einschätzungen werden durch Beobachtung gewonnen. KUSS steht für Kindliche Unbehagens- und Schmerz-Skala.[76]

Die nichtmedikamentöse Schmerztherapie sollte fester Bestandteil des umfassenden Schmerzmanagements sein. Sinnvoll ist hier eine Checkliste, die als Gesprächsgrundlage genutzt werden kann, um mit dem Patienten aus der Vielzahl der zur Verfügung stehenden Maßnahmen geeignete auszuwählen.

Der pflegerische Beitrag zum Schmerzmanagement ist in einem DNQP-Expertenstandard beschrieben.[77]

Maßnahmen zur Vermeidung von Stürzen bzw. Sturzfolgen

Sturzprophylaxe hat zum Ziel, Stürzen vorzubeugen und Sturzfolgen zu minimieren, in dem Risiken und Gefahren erkannt und nach Möglichkeit beseitigt oder reduziert werden. Dazu gehören Maßnahmen zur Risikoeinschätzung und vor allem adäquate Maßnahmen zur Sturzprävention.

Als Voraussetzung für eine adäquate Sturzprophylaxe sollte im Rahmen der pflegerischen Aufnahme durch die Pflegeperson eine Sturzrisikoerfassung auf der Basis einer Checkliste durchgeführt werden. Anhand der Sturzrisikoerfassung beurteilt die Pflegeperson das tatsächliche Sturzrisiko und dokumentiert dies. Ein Erfassungsbogen sollte extrinsi-

---

[76] Büttner, W. u. a. (2000): Analysis of behavioural and physiological parameters for the Assessment of postoperative analgesic demand in newborns, infants and young children. Paediatric Anaesthesia 2000, S. 303–318.
[77] Deutsches Netzwerk für Qualitätsentwicklung in der Pflege (Hrsg.) (2020): Expertenstandard »Schmerzmanagement in der Pflege, Aktualisierung 2020«, einschließlich Kommentierung und Literaturstudie, DNQP: 2020.

sche Risikofaktoren wie z. B. Beleuchtung, Stufen, Medikamente und intrinsische Risikofaktoren, die im Zustand der sturzgefährdeten Person begründet sind, wie z. B. Sensorik, Motorik oder Krankheiten enthalten.

Danach erfolgt abgeleitet aus den erfassten Sturzrisikofaktoren die Beratung und Anleitung des Patienten bzw. seiner Angehörigen über sein Sturzrisiko und die Notwendigkeit von prophylaktischen Maßnahmen. Auch hier hat sich eine Checkliste mit den zur Verfügung stehenden Interventionsmaßnahmen zur Sturzprophylaxe bewährt. In der Checkliste können die ausgewählten Interventionen dokumentiert werden.

Nicht selten entschließt sich ein Patient, die von der Pflegeperson empfohlenen und von ihm selbst durchzuführenden Maßnahmen nicht anzuwenden. Kommt es – aus welchem Grund auch immer – zum Sturz eines Patienten, ist in jedem Fall ein Sturzereignisprotokoll anzulegen. Aufbauend auf dem Sturzereignisprotokoll sollte jeder Sturz analysiert und ggf. Maßnahmen abgeleitet werden, um weitere Stürze zu vermeiden.

Um auf allen Stationen eine einheitliche Einschätzung zu gewährleisten, was ein Sturz ist, sollte eine Definition formuliert und kommuniziert werden. Folgende Definitionen hat sich bewährt: Ein Sturz ist jedes Ereignis, in dessen Folge eine Person unbeabsichtigt auf dem Boden oder auf einer tieferen Ebene zu liegen kommt.

Die Sturzereignisprotokolle sollten regelmäßig und systematisch ausgewertet und daraus ggf. Verbesserungsmaßnahmen des Vorgehens oder Schulungsmaßnahmen abgeleitet werden.

Die Vermeidung von Stürzen ist schon lange in der Aufmerksamkeit der pflegerischen Qualitätssicherung. Bereits 2004 wurde vom DNQP als eine der ersten Themenstellungen der Expertenstandard Sturzprophylaxe in der Pflege entwickelt, der 2013 aktualisiert wurde.[78] Dieser bietet zahlreiche hilfreiche Informationen zur Umsetzung der G-BA-Anforderungen. Ebenfalls hilfreich ist die Handlungsempfehlung »Vermei-

---

78 Deutsches Netzwerk für Qualitätsentwicklung in der Pflege (Hrsg.): Expertenstandard »Sturzprophylaxe in der Pflege, 1. Aktualisierung 2013«, einschließlich Kommentierung und Literaturstudie, DNQP: 2013, ISBN: 978-3-00-015082-1.

dung von Stürzen älterer Patienten im Krankenhaus – Fakten und Erläuterungen«[79] des APS.

Für die Gestaltung Sturzvermeidender Umgebungsbedingungen hat das APS eine Checkliste für Klinikmitarbeiter – »Prävention von Stürzen«[80] erstellt.

Prävention von und Hilfe bei Missbrauch und Gewalt

Dieses Thema wurde der RL im Änderungsbeschluss vom Juli 2020 als neuen Anwendungsbereich unter § 4 Absatz 2 angefügt.

Ziel ist es, Missbrauch und Gewalt insbesondere gegenüber vulnerablen Patientengruppen, wie beispielsweise Kindern und Jugendlichen oder hilfsbedürftigen Personen, vorzubeugen, zu erkennen, adäquat darauf zu reagieren und auch innerhalb der Einrichtung zu verhindern. Je nach Einrichtungsgröße, Leistungsspektrum und Patientenklientel wird über das spezifische Vorgehen zur Sensibilisierung des Teams sowie weitere geeignete vorbeugende und intervenierende Maßnahmen, entschieden. Dies können u. a. sein: Informationsmaterialien, Kontaktadressen, Schulungen/Fortbildungen, Verhaltenskodizes, Handlungsempfehlungen/Interventionspläne oder umfassende Schutzkonzepte. Einrichtungsintern dienen unter anderem wertschätzender Umgang, Vermeidung von Diskriminierung oder Motivation zu gewaltfreier Sprache diesem Ziel.

Einrichtungen, die Kinder und Jugendliche versorgen, müssen sich gezielt mit der Prävention von und Intervention bei (sexueller) Gewalt und Missbrauch (Risiko- und Gefährdungsanalyse) befassen. Daraus werden der Größe und Organisationsform der Einrichtung entsprechend, konkrete Schritte und Maßnahmen abgeleitet (Schutzkonzept).

---

79 Aktionsbündnis Patientensicherheit e. V. (o. D.): (https://www.aps-ev.de/wp-content/uploads/2016/09/27_06_2013___APS_AG_AEPiK_Erlaeuterungen_Fakten_Sturz_praevetnion_.pdf, **Zugriff am 03.03.2021.**
80 Aktionsbündnis Patientensicherheit e. V. (o. D.): (https://www.aps-ev.de/wp-content/uploads/2016/08/Sturzvermeidung_CHECKLISTE.pdf **Zugriff am 01.03.2021.**)

Im Teil B wurde im Abschnitt I für Krankenhäuser ergänzt:

> *Die Schutzkonzepte gegen (sexuelle) Gewalt bei Kindern und Jugendlichen gemäß Teil A § 4 Absatz 2 sollen in Kliniken basierend auf einer Gefährdungsanalyse mindestens folgende Elemente umfassen:*
>
> - *Prävention (u. a. Information und Fortbildung der Mitarbeiter, Entwicklung wirksamer Präventionsmaßnahmen, Selbstverpflichtung und Verhaltenskodex, altersangemessene Beschwerdemöglichkeit, vertrauensvoller Ansprechpartner sein, spezielle Vorgaben zur Personalauswahl),*
> - *Interventionsplan (z. B. bei Verdachtsfällen, aufgetretenen Fällen, Fehlverhalten von Mitarbeitern) und*
> - *- Aufarbeitung (u. a. Handlungsempfehlungen zum Umgang mit aufgetretenen Fällen entwickeln).*

Damit ist dieses Thema sowohl im sektorübergreifenden Teil der RL angesprochen als auch im sektorspezifischen Teil für Kinder und Jugendliche konkretisiert. Damit hat nunmehr jedes Krankenhaus die Aufgabe dieses Thema aufzugreifen und Konzepte zu entwickeln oder bereits vorhandene Konzepte dahingehend zu prüfen, ob alle Anforderungen erfüllt sind.

Zunächst sollten die im Krankenhaus behandelten vulnerablen Patientengruppen identifiziert werden. Neben den in der RL explizit aufgeführten Gruppen können dies noch viele weitere sein. Für eine Problemanalyse können z. B. folgende Bereiche mit erhöhtem Gefahrenpotential für grenzverletzendes Verhalten beleuchtet werden:

- Situationen, in denen PatientInnen bei pflegerischen, diagnostischen oder therapeutischen Maßnahmen im Anal-/Intimbereich mit Krankenhauspersonal alleine sind
- Klinikbereiche mit aufmerksamkeits- oder bewusstseinsreduzierten PatientInnen wie Intensivstationen, Operations- und Aufwachraum
- Stationen mit längerer Verweildauer sowie Stationen mit chronisch und psychisch kranken PatientInnen

- PatientInnen mit Behinderungen und/oder eingeschränkter Kommunikationsfähigkeit
- Verhaltensauffällige und/oder psychisch belastete Menschen
- regelmäßig personalreduzierte Zeiträume wie Nachtdienste

Auch Mitarbeitende können Opfer von grenzverletzendem Verhalten werden.

Potentiell missbrauchsprädestinierende Situationen sollten konkret identifiziert und benannt werden, um wo immer möglich ein Mehraugenprinzip möglichst zu beachten. Die Anwesenheit von Angehörigen kann ebenso eine Lösung sein wie das Hinzuziehen von weiterem Krankenhauspersonal. Vor der Fülle potenzieller Situationen und PatientInnengruppen scheint es eine wichtige Grundlage zu sein, alle Mitarbeitende zu sensibilisieren.

Im Umgang mit Kindern kommt es immer wieder zu besonderen Situationen. Körperliche Nähe durch das Personal ist oft notwendig, um z. B. Vertrauen zu schaffen oder zu trösten. Wichtig ist dabei eine professionelle Nähe-Distanz-Regulierung, um Grenzüberschreitungen zu vermeiden.

Für den Einsatz von Personal in den identifizierten Bereichen ist die Anforderung eines erweiterten Führungszeugnisses auf der Basis des §30a Abs. 2 des Gesetzes über das Zentralregister und das Erziehungsregister zu erwägen. Ein Umgangs- und Verhaltenskodex sowie eine Selbstverpflichtungserklärung, die freiwillig unterschrieben werden kann, helfen, die Aufmerksamkeit auf dieses Thema zu lenken. Spezielle Schulungen könnten folgendes thematisieren: Nähe und Distanz, Täterstrategien, Kommunikation und Konfliktfähigkeit, Formen grenzverletzenden Verhaltens.

Um Verdachtsfälle oder konkrete Beobachtungen jederzeit niedrigschwellig melden zu können, sollten AnsprechpartnerInnen benannt und bekannt gemacht werden. Mitarbeitende sollten ausdrücklich ermutigt werden, solche Meldungen mit der benannten AnsprechpartnerIn zu besprechen. Ist ein Compliance Management etabliert, können dies der Compliance-Beauftragte oder eine benannte externe Ombudsperson sein. Die AnsprechpartnerInnen müssen die Persönlichkeitsrechte der Beteiligten wahren und sollten über juristische Expertise verfügen. Meldende sollten keinerlei Nachteile zu befürchten haben, wenn die falsche Einschätzung nicht vorsätzlich erfolgte. Es sollte ein Interventions-Stufenplan zur Verfügung stehen. Ein solcher Stufenplan muss auch vorsehen, dass bei tatsächlichen Anhaltspunkten für sexuellen Missbrauch oder Gewalt die Geschäftsführung des Krankenhauses unverzüglich und verpflichtend die Strafverfolgungsbehörden informiert, um eine effiziente Strafverfolgung zu ermöglichen.

Informationen, Hinweise und Verfahrensabläufe, bezogen auf konkrete Fälle in Zusammenhang mit sexuellem Missbrauch oder Gewalt, sind sorgfältig zu dokumentieren und gegen unberechtigte Einsicht Dritter geschützt aufzubewahren. Äußern Kinder oder Erziehungsberechtigte einen solchen Verdacht, sollte dies dokumentiert und von beiden Seiten unterzeichnet werden.

Sowohl gemeldete Verdachts- als auch konkrete Fälle sollten durch eine benannte Kommission hinsichtlich der sich daraus ergebenden Konsequenzen auch für die weitere Prävention beraten werden. Bei etablierten Compliancesystemen könnte dies die Compliancekommission sein. Diese könnten auch eine Taskforce bei konkreten Fällen bilden, da meist rasch gehandelt werde muss.

Zur Erarbeitung von Schutzkonzepten für Kinder kann auf Empfehlungen der Deutschen Gesellschaft für Kinderschutz in der Medizin (DGKiM)[81], des Runden Tisches sexueller Kindesmissbrauch[82], des unabhängigen Beauftragten für Fragen des sexuellen Kindesmissbrauchs[83] und aus dem eLearning-Angebot Curriculums Prävention von sexuellem Kindesmissbrauch[84] zurückgegriffen werden.

---

81 Deutsche Gesellschaft für Kinderschutz in der Medizin e. V. (o. D.): (https://www.dgkim.de/leitlinien, Zugriff am 14.03.2021).
82 Bundesministerium für Familie, Senioren, Frauen und Jugend (o. D.): (https://www.bmfsfj.de/bmfsfj/service/publikationen/sexueller-kindesmissbrauch-86342, Zugriff am 14.03.2021).
83 Arbeitsstab des Unabhängigen Beauftragten für Fragen des sexuellen Kindesmissbrauchs (o. D.): (https://beauftragter-missbrauch.de/praevention/schutzkonzepte, Zugriff am 14.03.2021).
84 Universitätsklinikum Ulm (o. D.): (https://elearning-kinderschutz.de, Zugriff am 14.03.2021).

Schlusswort

Die QM-Richtlinie des G-BA ist eine bunte Mischung aus generischen und sehr spezifischen Anforderungen. Sie in gängige Instrumente des Qualitätsmanagements zu übersetzen erfordert durchaus einerseits Kenntnisse im Qualitätsmanagement und andererseits klinische Expertise. Ist eine Einrichtung auf der Basis der DIN EN ISO 9001 zertifiziert, wird sie zum mindesten Antworten auf die generischen Anforderungen der Richtlinie bereits gefunden haben.

Sollte dieser kleine Leitfaden mit seinen knappen Ausführungen und zahlreichen Hinweisen auf weiterführendes Wissen Interesse geweckt haben, so empfehle ich die Lektüre meines Buches »*Handbuch Qualitätsmanagement im Krankenhaus – Strategien, Analysen, Konzepte*« als 3., erweiterte und überarbeitete Auflage, 2021 ebenfalls im Kohlhammerverlag erschienen (ISBN 978-3-17-036804-0).

Literaturverzeichnis

Akademie für Infektionsmedizin e. V. (o. D.): (https://www.antibiotic-stewardship.de, Zugriff am 14.03.2021).
Aktion Saubere Hände (o. D.): (https://www.aktion-sauberehaende.de/krankenhauser, Zugriff am 03.03.2021).
Aktionsbündnis Patientensicherheit e. V. (o. D.): (https://www.aps-ev.de/wp-content/uploads/2021/09/SEVer-Liste_APS.pdf, Zugriff am 28.09.2021)
Aktionsbündnis Patientensicherheit e. V. (o. D.): (https://www.aps-ev.de/sepsis-kampagne, Zugriff am 14.03.2021).
Aktionsbündnis Patientensicherheit e. V. (o. D.): (https://www.aps-ev.de/wp-content/uploads/2018/05/WS-08_JahnB.pdf, Zugriff am 01.03.2021).
Aktionsbündnis Patientensicherheit e. V. (o. D.): (https://www.aps-ev.de/handlungsempfehlungen/, Zugriff am 03.03.2021).
Aktionsbündnis Patientensicherheit e. V. (o. D.): (https://www.aps-ev.de/wp-content/uploads/2016/08/HE_Risikomanagement-1.pdf, Zugriff am 03.03.2021).
Aktionsbündnis Patientensicherheit e. V. (o. D.): (https://www.aps-ev.de/wp-content/uploads/2016/10/160913_CIRS-Broschuere_WEB.pdf, Zugriff am 01.03.2021).
Aktionsbündnis Patientensicherheit e. V. (o. D.): (https://www.aps-ev.de/wp-content/uploads/2016/08/HE_Risikomanagement-1.pdf, Zugriff am 03.03.2021).
Aktionsbündnis Patientensicherheit e. V. (o. D.): (https://www.aps-ev.de/wp-content/uploads/2020/04/HE-Fallanalyse_Kurzfassung_web.pdf, Zugriff am 07.03.2021).
Aktionsbündnis Patientensicherheit e. V. (o. D.): (https://www.aps-ev.de/wp-content/uploads/2020/04/HE-Fallanalyse_Langfassung_web.pdf, Zugriff am 01.03.2021).
Aktionsbündnis Patientensicherheit e. V. (o. D.): (https://www.aps-ev.de/wp-content/uploads/2021/02/APS-HE_Sepsis_Personal.pdf, Zugriff am 14.03.2021).
Aktionsbündnis Patientensicherheit e. V. (o. D.): (https://www.aps-ev.de/wp-content/uploads/2020/06/Ansrisstext_HE_AMTS_Verordnungspraxis_Langfassung_02.pdf Zugriff am 01.03.2021).
Aktionsbündnis Patientensicherheit e. V. (o. D.): (https://www.aps-ev.de/wp-content/uploads/2020/11/APS-Arbeitsmittel_Vier-Augen-Prinzip_AMTS.pdf, Zugriff am 01.03.2021).

Literaturverzeichnis

Aktionsbündnis Patientensicherheit e. V. (o. D.): (https://www.aps-ev.de/wp-content/uploads/2016/09/Handlungsempfehlung_-_Methotrexat.pdf, Zugriff am 03.03.2021).

Aktionsbündnis Patientensicherheit e. V. (o. D.): (https://www.aps-ev.de/wp-content/uploads/2016/08/APS_HE_Vincristin.pdf, Zugriff am 03.03.2021).

Aktionsbündnis Patientensicherheit e. V. (o. D.): (https://www.aps-ev.de/wp-content/uploads/2016/09/27_06_2013___APS_AG_AEPiK_Erlaeuterungen_Fakten_Sturz_praevetnion_.pdf, Zugriff am 03.03.2021).

Aktionsbündnis Patientensicherheit e. V. (o. D.): (https://www.aps-ev.de/wp-content/uploads/2016/08/Sturzvermeidung_CHECKLISTE.pdf Zugriff am 01.03.2021).

Aktionsbündnis Patientensicherheit e. V. (o. D.): (https://www.apsev.de/hempfehlungen/fallanalyse, Zugriff am 07.03.2021).

Arbeitsgemeinschaft der Wissenschaftlichen Medizinischen Fachgesellschaften e. V. (o. D.): (https://www.awmf.org/leitlinien/aktuelle-leitlinien.html, Zugriff am 06.03.2021).

Arbeitsgemeinschaft der Wissenschaftlichen Medizinischen Fachgesellschaften e. V. (o. D.): (https://www.awmf.org/leitlinien/awmf-regelwerk/ll-register.html, Zugriff am 06.03.2021) .

Arbeitsstab des Unabhängigen Beauftragten für Fragen des sexuellen Kindesmissbrauchs (o. D.): (https://beauftragter-missbrauch.de/praevention/schutzkonzepte, Zugriff am 14.03.2021).

Bayerischen Krankenhausgesellschaft e. V (2019): Sonderpublikation Beauftragte im Krankenhaus, Version 4.2, 01/2019.

Bundesanzeiger Verlag GmbH (o. D.): (https://www.bgbl.de/xaver/bgbl/start.xav?start=//*%5B@attr_id=%27bgbl113s0277.pdf%27%5D#__bgbl__%2F%2F*%5B%40attr_id%3D%27bgbl113s0277.pdf%27%5D__1490871066542, Zugriff am 02.03.2021).

Bundesärztekammer (o. D.): (https://www.bundesaerztekammer.de/fileadmin/user_upload/downloads/pdf-Ordner/QS/M_Mk.pdf, Zugriff am 01.03.2021).

Bundesärztekammer (o. D.): (https://www.bundesaerztekammer.de/fileadmin/user_upload/downloads/Leitfaden_Aerztliches-Peer-Review_2014.pdf, Zugriff am 17.02.2019).

Bundesärztekammer (o. D.): (https://www.kh-cirs.de, Zugriff am 08.03.2021).

Bundesministerium der Justiz und für Verbraucherschutz (o. D.): (https://www.gesetze-im-internet.de/ifsg/index.html, Zugriff am 14.03.2021).

Bundesministerium für Familie, Senioren, Frauen und Jugend (o. D.): (https://www.bmfsfj.de/bmfsfj/service/publikationen/sexueller-kindesmissbrauch-86342, Zugriff am 14.03.2021).

Büttner, W. u. a. (2000): Analysis of behavioural and physiological parameters for the Assessment of postoperative analgesic demand in newborns, infants and young children. Paediatric Anaesthesia 2000: 303–318.

Cochrane Deutschland Stiftung (o. D.): (https://www.cochrane.de/de/ressourcen/grade, Zugriff am 06.03.2021)

Deutsche Gesellschaft für Kinderschutz in der Medizin e. V. (o. D.): (https://www.dgkim.de/leitlinien, Zugriff am 14.03.2021).

Deutsche Gesellschaft Interdisziplinäre Notfall- und Akutmedizin e. V. (o. D.): (https://www.dgina.de/downloads/dginazert_anforderungen.pdf, Zugriff am 14.03.2021).

Deutsches Netzwerk für Qualitätsentwicklung in der Pflege (Hrsg.): Expertenstandard »Entlassungsmanagement in der Pflege – 2. Aktualisierung 2019«, Schriftenreihe des Deutschen Netzwerks für Qualitätsentwicklung in der Pflege. Osnabrück.

Deutsches Netzwerk für Qualitätsentwicklung in der Pflege (Hrsg.): Expertenstandard »Schmerzmanagement in der Pflege, Aktualisierung 2020«, einschließlich Kommentierung und Literaturstudie, DNQP: 2020 ISBN: 978-3-00-065787-0.

Deutsches Netzwerk für Qualitätsentwicklung in der Pflege (Hrsg.): Expertenstandard »Sturzprophylaxe in der Pflege, 1. Aktualisierung 2013«, einschließlich Kommentierung und Literaturstudie, DNQP: 2013, ISBN: 978-3-00-015082-1.

Deutsches Netzwerk für Qualitätsentwicklung in der Pflege (o. D.): (https://www.dnqp.de/fileadmin/HSOS/Homepages/DNQP/Dateien/Weitere/Uebersicht_Expertenstandards.pdf, Zugriff am 06.03.2021).

DIN EN ISO 9000:2015-11, Beuth Verlag GmbH Berlin.

DIN EN ISO 9001:2015, Beuth Verlag GmbH Berlin.

EpiNet AG (o. D.): (https://www.epinet.de/hybase.php, Zugriff am 14.03.2021)

Freise, D. C. (2003). Teilnahme und Methodik bei Patientenbefragungen.. St. Augustin: Asgard-Verlag. https://nbnresolving.org/urn:nbn:de:0168-ssoar-61140-4, Zugriff am 02.03.2021).

Gemeinsamer Bundesausschuss (o. D.): (https://www.g-ba.de/beschluesse/2415/, Zugriff am 01.03.2021).

Gemeinsamer Bundesausschuss (o. D.): (https://www.g-ba.de/beschluesse/2590/, Zugriff am 01.03.2021).

Gemeinsamer Bundesausschuss (o. D.): (https://www.g-ba.de/downloads/62-492-1296/QM-RL_2015-12-17_iK-2016-11-16.pdf, Zugriff am 16.02.2019).

Gemeinsamer Bundesausschuss (o. D.): (https://www.g-ba.de/downloads/39-261-4379/2020-07-16_QM-RL_Vorgaben-aktueller-Stand_BAnz.pdf, Zugriff am 01.03.2021).

Gemeinsamer Bundesausschuss (o. D.): (https://www.g-ba.de/downloads/39-261-4461/2020-09-17_QM-RL_Einfuehrung-Schmerzmanagment_BAnz.pdf, Zugriff am 01.03.2021).

Gemeinsamer Bundesausschuss (o. D.): (https://www.g-ba.de/downloads/39-261-3301/2018-04-19_Not-Kra-R_Erstfassung.pdf, Zugriff am 01.03.2021).

Gemeinsamer Bundesausschuss (o. D.): (https://www.g-ba.de/downloads/39-261-2546/2016-03-17_ueFMS-B_Erstfassung_BAnz.pdf, Zugriff am 01.03.2021).

Gemeinsamer Bundesausschuss (o. D.): (https://www.g-ba.de/downloads/39-261-3301/2018-04-19_Not-Kra-R_Erstfassung.pdf, Zugriff am 01.03.2021).

Literaturverzeichnis

Gemeinsamer Bundesausschuss (o. D.): (https://www.g-ba.de/informationen/beschluesse/2441/, Zugriff am 01.03.2021).
Gemeinsamer Bundesausschuss (o. D.): (https://www.g-ba.de/informationen/beschluesse/2442/, Zugriff am 01.03.2021).
Gemeinsamer Bundesausschuss (o. D.): (https://www.g-ba.de/informationen/beschluesse/2449/, Zugriff am 01.03.2021).
Gemeinsamer Bundesausschuss (o. D.): (https://www.g-ba.de/informationen/beschluesse/2450/, Zugriff am 01.03.2021).
Gemeinsamer Bundesausschuss (o. D.): https://www.g-ba.de/downloads/62-492-2340/Not-Kra-R_2020-11-20_iK-2020-11-01.pdf, Zugriff am 01.03.2021).
Georg Thieme Verlag KG (o. D.): (https://cne.thieme.de/cne-webapp/p/experts, Zugriff am 01.03.2021).
Georg Thieme Verlag KG (o. D.): (https://www.thieme.de/de/patientenaufklaerung/aufklaerungsboegen-89577.htm, Zugriff am 02.03.2021).
Gesellschaft für Risiko-Beratung mbH (o. D.): (https://www.grb.de/, Zugriff am 01.03.2021).
GKV-Spitzenverband (o. D.): (https://www.gkv-spitzenverband.de/media/dokumente/krankenversicherung_1/amb_stat_vers/entlassmanagement/KH_Rahmenvertrag_Entlassmanagement_2016.pdf, Zugriff am 01.03.2021).
GPTW Deutschland GmbH (o. D.): (https://www.greatplacetowork.de, Zugriff am 16.02.2021).
Haeske-Seeberg, H. (2021): Handbuch Qualitätsmanagement im Krankenhaus, 3. überarbeitete und erweiterte Auflage Stuttgart: Kohlhammer.
Hilsenbeck, T. (o. D.): (http://www.thomas-hilsenbeck.de/wp-content/uploads/Dr-Th-Hilsenbeck-Handbuch-Beschwerdemanagement-Vers-6_0.pdf, Zugriff am 02.03.2021).
Initiative Qualitätsmedizin e. V. (o. D.): (https://www.initiative-qualitaetsmedizin.de, Zugriff am 02.03.2021).
Institut für Hygiene und Umweltmedizin der Charité (o. D.: (https://www.nrz-hygiene.de/nrz/vorstellung/, Zugriff am 11.03.2021).
Institut für Hygiene und Umweltmedizin der Charité (o. D.: (https://www.nrz-hygiene.de/surveillance/kiss/teilnahme, Zugriff am 11.03.2021).
Institut für Qualitätssicherung und Transparenz im Gesundheitswesen (o. D.): (https://iqtig.org/qs-verfahren/, Zugriff am 02.03.2021).
Institut für Qualitätssicherung und Transparenz im Gesundheitswesen (o. D.): (https://iqtig.org/dateien/dasiqtig/grundlagen/IQTIG_Methodische-Grundlagen-V1.1_barrierefrei_2019-04-15.pdf, Zugriff am 02.03.2021).
International Consortium for Health Outcome Measurement (o. D.): (www.ichom.org, Zugriff am 09.02.2019).
Leibniz-Institut für Sozialwissenschaften (o. D.): (https://www.ssoar.info/ssoar/bitstream/handle/document/61140/ssoar-2003-freise-Teilnahme_und_Methodik_bei_Patientenbefragungen.pdf?sequence=1&isAllowed=y&lnkname=ssoar-2003-freise-Teilnahme_und_Methodik_bei_Patientenbefragungen.pdf, Zugriff am 02.03.2021).

Patientensicherheit e. V. (o. D.): (https://www.aps-ev.de/wp-content/uploads/2020/04/HE-Fallanalyse_Langfassung_web.pdf, **Zugriff am 01.03.2021**).

Robert Koch-Institut (o. D.): (https://www.rki.de/DE/Content/Kommissionen/GendiagnostikKommission/Richtlinien/Richtlinien_node.html, **Zugriff am 14.03.2021**).

Sana Klinikum Berlin Brandenburg GmbH (o. D.): (https://www.sana.de/media/Kliniken/lichtenberg/1-medizin-pflege/worauf-wir-wert-legen/Qualitaetsbericht_2018_Sana_Klinikum_Lichtenberg.pdf, **Zugriff am 14.03.2021**).

SEVer-Liste

Stiftung für Qualität und Wirtschaftlichkeit im Gesundheitswesen (o. D.): (https://www.gesundheitsinformation.de, **Zugriff am 14.03.2021**).

Universitätsklinikum Ulm (o. D.): (https://elearning-kinderschutz.de, **Zugriff am 14.03.2021**).